KB040557

사라지는 것은 아쉬움을 남긴다

사라지는 것은 아쉬움을 남긴다

경제, 역사, 제도에 대한 단상

김두얼 지음

생각의힘

제7부

교육, 대학, 연구

머리말

"사람들이 잘 안 하는 분야를 연구하시네요."

　연구자의 꿈을 품고 대학원에 입학했을 때부터 지금까지 필자가 초면인 분에게 전공을 소개할 때 자주 들어온 반응이다. 경제사? 아, 애덤 스미스나 케인스 같은 경제학자들의 사상을 연구하시는군요. 아닙니다. 그건 경제사상사고요. 경제사는 사람들이 예전에 뭘 먹고 뭘 입었는지 그런 걸 연구합니다. 아, 참 재미있는 걸 연구하시네요. 그런데 우리나라에 그런 분야 연구하는 분들 별로 없지 않나요?

　미국에서 박사학위를 마치고 귀국해서 한국개발연구원이라는 국책연구기관에 근무하면서, 법경제학이라는 전공을 하나 더 갖게 되었다. 법경제학? 그건 뭘 연구하는 분야인가요? 사람들이 왜 범죄를 저지르는지 범죄를 막으려면 형량을 얼마나 부과해야 하는지 등을 경제학적으로 분석하는 것입니다. 아, 그런 분야도 있었군요. 그런 분야를 연구하는 분들은 많지 않으시죠?

　전공이 두 개나 있는데도 모두 다 경제학 전공자들조차 낯설어

하는 분야뿐이라서인지, 내가 뭘 하고 있는지를 남들에게 소개하고픈 갈망이 있었던 듯싶다. 학자들이 논문 쓰느라 정신없는 30대 시절부터 신문이나 잡지 등에 짧은 글을 기고하는 일을 계속해 온 것도 그 때문이었던 것 같기도 하다.

그렇게 십수 년을 하다 보니 50여 편의 짧은 글이 쌓였다. 처음 쓰기 시작할 때에는 그냥 일회적으로 소모되지 않는 글을 쓰겠노라 다짐했었다. 뭔가 하나의 일관된 주제로 글을 쓰고, 이것을 모아서 뭔가 단행본을 만들자는 원대한 계획을 세웠다. 하지만 한 달에 한 번씩 기고하는 글을 그렇게 쓰기는 쉽지 않았다. 어떻게든 마감에 맞추기 위해 그때그때 떠오르는 주제를 허겁지겁 적어 내려간 경우가 부지기수였다.

신기한 점은, 평범한 사람의 머리에서 나올 수 있는 생각은 한계가 있을 수밖에 없다는 자명한 사실이 결과적으로 일종의 질서를 만들었다는 것이다. 중구난방인 글들을 몇 개의 주제로 묶을 수 있었던 이유이다. 아울러 시론적인 글보다는 경제사와 법경제학을 소개하는 내용에 초점을 맞추어 왔다는 점도, 신문이나 월간지에 쓴 글임에도 너무 시간을 타지 않도록, 그래서 이렇게 묶어서 책을 만드는 것이 너무 어색하지 않도록 해주었다.

경제사와 법경제학이 어떤 학문인지, 그런 학문을 하는 사람이 바라보는 세상은 어떤 것인지 궁금해하는 분이 많이 계시기를, 그리고 이 책이 그런 궁금증을 푸는 데 조금이나마 기여하길 바란다.

2020년 6월

제1부

삶과 죽음

"향후 세계 인구가 더는 '폭발적 증가'의 길을
걷지 않는다면, 이것은 인류가 가진 가장 큰 고민 중
한 가지를 덜어주는 기쁜 일이다. 하지만 늘 그렇듯
모든 현상은 좋은 측면만 있는 것은 아니다.
인구 성장이 정지한 미래의 인류는 지금과는
다른 과제들 때문에 골머리를 썩을 수 있다."

- 「새로운 악당이 필요하다」 중에서

흥부의 역설

우리 국민 모두가 사랑하는 전통 판소리 「박타령」의 주인공 흥부
는 제비에게 베푼 선행 덕분에 금은보화를 얻어 큰 부자가 된다.
하지만 제비를 만나기 전 흥부는 아내가 "가난이야 가난이야, 천
만고千萬古에 있는 가난, 아무리 헤아려도 내 위에는 다시 없네"라
고 서럽게 이야기할 만큼 찢어지게 가난했다. 혹자는 흥부가 착하
긴 했어도 게을렀기 때문에 가난했다고 생각할는지 모르겠지만,
이것은 「박타령」의 내용과는 일치하지 않는다. 흥부는 가족을 부
양하기 위해 농사일이나 종노릇은 물론이고, 심지어는 매를 대신
맞는 일까지 기꺼이 했다. 그의 아내 역시 남편의 만류로 술 파는
일만 안 했을 뿐 온갖 궂은일을 마다하지 않았다.

　흥부가 빈곤했던 진짜 이유는 자식이 너무 많았기 때문이다.
신재효 판본에 따르면, 흥부가 놀부에게 쫓겨난 지 몇 해 뒤에 가

난에 못 이겨 양식을 얻으러 돌아왔을 때, 흥부를 알아본 하인이 자식이 몇이나 되냐고 묻자 "아들은 스물다섯이고 아씨야 말할 게 있나"라고 답한다. 이 많은 자식을 흥부의 아내는 나이 사십이 되기 전에 다 낳았다. "식구가 이러하니 아무런들 할 수 있소"라는 흥부의 한탄이 절로 나올 수밖에 없는 상황이었던 셈이다.

조선시대, 더 크게는 전근대 사회에서는 다산多産을 복으로 여기고, 아이를 많이 낳았던 것으로 알려져 있다. 필자의 연구 등에 따르면 조선시대 결혼한 여성들은 보통 아이를 6~8명 낳은 것으로 추정된다.* 따라서 과장되긴 했지만 흥부의 아내처럼 결혼한 여자가 아이를 많이 낳은 것은 드문 일이 아니었다. 「박타령」의 설정에서 허구적인 측면은 그렇게 많이 낳은 흥부네 아이들이 거의 모두 생존했다는 점이다. 전근대 사회에서 태어난 아이가 성인이 될 때까지 생존할 확률은 오늘날과 비교해 볼 때 지극히 낮아서, 성인이 되기 전에 세상을 떠나는 경우가 전체 출생자의 50~60%였다. 이 사망률대로 흥부네도 아이들을 잃었다면 흥부 아내는 100명에 육박하는 아이를 낳았어야 하는데 이는 사실 불가능하다.

전근대 사회에서 유소년기 사망률이 높았던 것은 무엇보다 소득수준이 낮아서였다. 가난 때문에 산모가 영양을 제대로 섭취하지 못해서 아이들은 매우 허약한 상태로 태어났다가 쉽게 죽곤 했다. 산모가 젖이 나오지 않아 영양실조로 죽는 경우도 많았다. 이

---

* 뒤에 나오는 「조선시대 양반 여성의 출산율」 장 참조.

런 난관을 어렵게 이겨내더라도 영양 상태가 나쁜 경우에는 면역력 부족 때문에 병에 걸려 죽기 쉬웠다. 백일잔치, 돌잔치를 크게 벌이는 우리의 풍속은, 태어난 지 1년 이내에 사망할 확률이 높았던 슬픈 상황의 소산이었다.

결국 흥부네 가족이 상징하는 것처럼 자식을 많이 낳는 것은 흔히 있는 일이었지만, 태어난 자식들이 대부분 살아남는 것은 매우 드물었다. 그런 측면에서 볼 때, 제비가 박씨를 물어다 주기 이전에 흥부는 이미 자식의 죽음을 보지 않은 지극히 큰 복을 누리며 살았던 셈이다. 하지만 이 행운은 동시에 아이들의 굶주림을 목도할 수밖에 없는 비극이기도 했다. 태어난 자식의 질긴 생명력을 기뻐할 수만은 없었던, 흥부의 역설이라고 할 만한 기막힌 상황에 처해 있었던 것이다.

그렇다면 전근대 사회 사람들은 왜 자식을 많이 낳으려 했을까? 오늘날처럼 자식을 적게 낳아서 잘 키우는 길을 마다한 이유는 무엇이었을까? 이 문제에 답할 만큼 우리는 아직 전근대 사회에 대해 충분한 지식을 갖고 있지 못하다. 따라서 아주 일반적인 추론을 해볼 수밖에 없는데, 가장 근본적으로는 아이들의 낮은 생존확률 자체가 출산율을 높였던 듯하다. 물고기들이 수십만 개의 알을 낳는 것처럼, 태어난 아기가 죽지 않고 성인이 될 수 있는 확률이 매우 낮은 상황에서는 부모가 본능적으로 아이를 많이 낳으려 했을 수 있다. 아울러 경제적으로 볼 때, 자식은 전근대 사회에서 미래에 대한 최선의 투자였기 때문이다. 은행 같은 금융기관이 발달하지 않은 상황에서 노후를 대비하는 가장 확실한 방법이었다. 하지만 자식이 커서 벌이를 하기까지는 십수 년이 걸렸기 때문에, 이 기간 동안 자식이 많다는 것은 가족 1인당 쓸 수 있는 소득을 줄이는 요인으로 작용했고, 이에 따라 아이의 생존 확률이 낮아지는 악순환이 나타났다.

흥부 가족의 상황에 대한 이러한 해석은 경제학의 시조 중 하나인 토머스 맬서스Thomas R. Malthus(1766~1834)가 묘사한 전근대 사회의 인구동학과 일맥상통한다. 맬서스에 따르면 전근대 사회에서는 인구 증가율이 거의 0에 가까운 수준에 머물면서 소득 역시 최저생계비 수준에 정체해 있을 수밖에 없었다. 만일 어떤 이유에서 인구가 균형수준보다 눈에 띄게 증가하면 노동공급이 늘어나기 때문에 임금이 하락하게 되고, 이것은 기아나 질병 등을 유발한다. 결국 인구가 원래 수준으로 되돌아가면 임금도 원점으로 돌아온다. 반대로 인구가 균형수준보다 줄어들면 임금이 높아지는데, 이는 생존율을 상승시키기 때문에 인구를 증가시켜 노동공급을 늘린다. 결국 임금이 떨어지고 생활수준이 하락해서 임금과 인구규모는 예전 수준으로 돌아간다. '맬서스의 덫Malthusian Trap'이라고도 부르는 암울한 상황을 탈피할 수 없다.

맬서스가 묘사한 전근대 사회의 인구동학은 대략 18세기 말과 19세기 초에 서유럽에서 붕괴하기 시작하고, 이후 전 세계적으로 확산된다. 공중보건의 확산과 같은 비경제적 요인들이 사망률 하락과 인구 증가에 기여하였다. 하지만 장기적인 소득 증가가 동반하지 않았다면, 맬서스적 동학이 다시 시작되어 인구 증가는 곧 한계에 봉착했을 것이다. 따라서 지난 200년간의 변화에서 주목해야 할 핵심적인 사실은 인구 증가와 아울러 생활 수준의 향상이 동시에 그리고 지속적으로 진행되었다는 점이다. 이것은 생산의 급격한 증가 없이는 불가능했는데, 18세기 말에 시작된 산업혁명은 이런 점에서 인류 역사에 말 그대로 혁명적 변화를 초래했다.

우리나라도 20세기에 걸쳐 인구의 폭발적 증가를 경험했다. 20세기 초엽 인구가 약 2,000만이었던 것이 지금은 남북한 통틀어 7,000만을 넘어선다. 이같이 인구가 급속히 증가함에도 우리 국민들은 성공적인 경제성장을 거둔 덕분에 오늘날 높은 생활수준을 누리고 있다. 문제는 경제적 풍요를 누릴 수 있는 이 시대에 출산율은 계속 하락하고, 2020년을 전후한 시점부터는 인구의 절대 규모가 감소하게 되었다는 사실이다. 이러한 역설적 현상은 왜 일어난 것일까? 우리는 인구 감소가 가져다줄 새로운 과제를 잘 극복해 나아갈 수 있을까? 그럴 수 있기를 기원한다.

새로운 악당이 필요하다

〈어벤저스〉의 타노스, 〈킹스맨〉의 발렌타인, 〈인페르노〉의 조브리스트. 최근 우리나라에서 인기를 끌었던 할리우드 영화의 악당들이다. 이들에게는 공통점이 있다. 이들이 살상을 도모한 동기가 '인구 증가를 막는 것'이었다는 점이다. 인구가 너무 많아서 범죄와 전쟁이 일어나고 지구 환경이 파괴되어 결국에는 문명과 인류가 멸망하리라고 그들은 걱정한다. 그리고 이런 비극을 막기 위해 대량 학살을 계획한다.

왜 이 영화들은 인구 폭발을 악당들의 동기로 삼았을까? 그것은 관객을 영화에 빨리 몰입하도록 하는 데 도움이 되기 때문이다. 돈을 목적으로 나쁜 짓을 기획하는 '생계형' 악당이 엄청난 기술과 인력을 동원해서 나쁜 짓을 기획하는 모습은 뭔가 앞뒤가 맞지 않는다. 혹은 그저 돈을 벌기 위해 핵폭탄을 터트리고 병균을 퍼뜨리는 '나쁜 놈'보다는, 신념에 차서 궤변을 늘어놓으며 나쁜 짓을 하는 '소신범'이 보다 더 매력적일 수 있다.

가장 근본적으로 사람들은 인구 폭발을 '사실'이라고 받아들인다. 지구상의 인구는 지난 200년 동안 급속히 증가하였다. 문명이 탄생한 이래로 수천 년 동안 인구가 꾸준히 늘어났지만 그 속도는 매우 느렸다. 그러던 것이 1800년을 전후로 산업혁명이 일어난 뒤, 당시 10억 명 수준이던 세계 인구가 현재는 77억에 이르렀다. 이런 추세가 계속된다면, 지구 인구는 21세기 말에는 200억에 육박할 것이다. 그렇게 되면 할리우드 영화의 악당들이 걱정하는 수많은 비극이 실제 일어날 수 있다. 악당의 동기가 개연성이 높을수록 관객은 영화에 토를 달기보다는 바로 몰두할 가능성이 높다.

그런데 이러한 할리우드 영화의 전략이 최근 들어 위협받고 있다. 지난 몇십 년 동안 세계 인구의 증가율은 빠르게 줄어들었다. 출산율 하락의 선두에 있는 우리나라를 비롯해서 많은 선진국에서는 이미 오래전에 여성 한 명이 평생 낳는 자녀 수가 두 명 이하로 내려갔다. 중요한 점은 인구 증가율 감소가 선진국뿐 아니라 많은 개발도상국에서도 나타나는 현상이라는 사실이다. 대륙별로 출산율을 살펴보면 아프리카를 제외한 모든 지역의 출산율은 큰 폭으로 낮아져 왔다. 심지어 북한도 출산율 하락으로 인해 평균 수명이 상승하는 일종의 '고령화'가 진행 중이다. 출산율의 빠른 하락과 평균 수명 향상 속도를 종합적으로 고려해 볼 때, 세계 인구는 조만간 약 100억 명 수준에 도달한 뒤 더는 증가하지 않는 양상이 나타날 것이라고 전문가들은 조심스럽게 전망한다.

출산율이 전 세계적으로 왜 하락하는지에 대해서는 연구가 다양하게 진행되어 왔다. 1차적으로는 경제 여건의 변화로 인해 혼인이 감소하고 있다는 것, 그리고 결혼해서 출산을 하더라도 많이 낳는 것보다는 적게 낳고 잘 키우는 방향으로 전환하는 것이 중요한 원인으로 추정되고 있다. 아울러 출산에 대한 인식과 행동의 변화를 유도하는 많은 정부 정책도 중요한 기여를 한 것으로 보인다.

이유가 무엇이건, 향후 세계 인구가 더는 '폭발적 증가'의 길을 걷지 않는다면, 이것은 인류가 가진 가장 큰 고민 중 한 가지를 덜어주는 기쁜 일이다. 하지만 늘 그렇듯 모든 현상은 좋은 측면만 있는 것은 아니다. 인구 성장이 정지한 미래의 인류는 지금과는 다른 과제들 때문에 골머리를 썩을 수 있다.

그중 하나는 할리우드 영화 제작자들의 몫이다. '인구 폭발'이 더는 일어나지 않을 것이 명확해지면, 인류를 구하기 위해 대량 살상을 한다는 신념에 사로잡힌 악당을 더는 써먹을 수 없다. 1990년대 사회주의 체제가 붕괴한 뒤 스파이 영화를 만들던 영화제작자들이 직면했던 것과 유사한 고민, 즉 악당이 소멸해 버리는 문제가 등장하는 셈이다. 영화 제작자들은 지금부터라도 미래에 대비해서 인구 폭발을 대체할 악당의 동기를 차근차근 고민해야 할지모른다. 그들은 새로운 악당이 필요하다.

사랑할 나이, 결혼할 나이

프랑코 제피렐리Franco Zeffirelli 감독의 영화 〈로미오와 줄리엣 Romeo and Juliet〉은 윌리엄 셰익스피어의 동명 희곡이 지닌 예술성을 잘 살리면서 대중성까지 담아낸 빼어난 작품이다. 1968년에 나왔기 때문에 영화 자체는 오늘날 다소 생소할 수 있지만, 줄리엣 역을 맡은 올리비아 핫세Olivia Hussey의 모습은 아직도 줄리엣의 화신처럼 여겨지고 있으며, 니노 로타Nino Rota가 만든 서정적인 주제음악 역시 대표적인 사랑의 테마 음악으로 널리 사랑받고 있다.

　이 작품으로 세계적인 스타가 된 올리비아 핫세는 당시 15세였다. 원작에는 줄리엣이 14세가 채 안 된 것으로 묘사되었기 때문에 자연스러운 캐스팅이지만 당시에는 매우 파격적인 선택으로 여겨졌다. 셰익스피어 작품처럼 원작 자체가 사람들에게 익숙한 경우에는 관객이 배우들의 연기에 대한 기대 때문에 영화를 보게 되는 측면이 크고, 이러한 이유로 셰익스피어 작품의 주역들은 연기력을 검증받은 나이 많은 배우가 맡는 것이 일반적이었기 때문이다. 로미오와 줄리엣 역시 예외가 아니어서 1936년 아카데미상 3개 부문 후보에 올랐던 조지 큐커 감독의 〈로미오와 줄리엣〉에서도 로미오 역을 맡은 레슬리 하워드는 44세, 줄리엣 역을 맡은 노마 새얼은 37세였다.

로미오와 줄리엣만큼은 아니지만 우리의 고전 『춘향전』을 영화화한 작품들에서도 비슷한 양상이 나타난다. 판소리 원본에 따르면 춘향과 이몽룡은 모두 이팔 청춘, 즉 16세가량으로 그려진다. 하지만 1961년 신상옥 감독이 만든 〈성춘향〉의 경우, 배역을 맡은 최은희와 김진규는 모두 30대 중후반이었다. 1976년 박태원 감독의 〈성춘향전〉에서는 장미희의 나이가 원작에 상당히 근접하지만 여전히 이몽룡 역은 20대 중반이었던 이덕화에게 맡겨졌다. 1999년에 만들어진 임권택 감독의 〈춘향뎐〉은 나이 어린 배우를 써서 사실성에 충실했다는 평가를 받았다. 불행히도 임권택의 〈춘향뎐〉은 영화의 완성도에 대해서는 높은 평가를 받았으나 나이 어린 주연배우들의 연기력 부족에 대한 비판을 감내해야 했다.

이처럼 서양과 우리나라를 대표하는 사랑이야기의 주인공이 모두 10대라는 것은 나이가 갖는 상징성에 기인한 것으로 해석해 볼 수 있다. 이성에 대한 사랑에 처음 눈뜨는, 그러면서도 세상살이에 때 묻지 않은 나이이기 때문에 세상 어느 것보다 사랑만을

추구하는 순수성이 별다른 부연 설명 없이도 독자의 공감을 끌어
낼 수 있다. 하지만 전근대 사회에서는 10대의 사랑과 결혼이 현
실이었기 때문에 이런 설정이 만들어졌다는 추론도 가능하다. 입
시 때문에 모든 것이 금지되고 미루어지는 우리 사회의 기준에서
보기에 새롭게 느껴질 따름이지 10대의 연애와 결혼이 당시에는
실제 생활이었고 문학은 이러한 현실을 그대로 반영했을 뿐이었
다는 것이다. 과연 어느 쪽이 사실이었을까?

  혼인 연령에 대한 역사적 연구는 재미있는 대답을 제공한다.
우선 로미오와 줄리엣의 경우는 셰익스피어가 허구를 창출한 쪽
에 가깝다. 영국 인구사의 권위자인 앤서니 리글리Anthony Wrigley
와 로저 스코필드Roger Schofield의 연구에 따르면, 셰익스피어가
살았던 16세기 후반에서 17세기 초반 영국의 초혼 평균연령은 남
자가 28~29세였고 여자가 26세였다. 로미오와 줄리엣의 실제 배
경인 이탈리아의 경우 정확한 혼인 연령을 파악하기 어렵지만 영국
보다 크게 낮았다고 보기는 어렵다. 하지만 우리나라의 경우는 매
우 다르다. 경북대학교 박희진 박사가 수집한 행장, 묘비 자료에 따
르면 조선 후기 사대부들의 평균초혼연령은 남자와 여자 모두 16
세가량이었다. 조선시대 왕과 왕비들의 초혼 연령 역시 사대부들
과 크게 다르지 않았다. 로미오와 줄리엣과는 달리 춘향전의 연령
설정은 문학적 허구라기보다는 당시의 생활에 가까웠던 셈이다.

  이처럼 우리나라의 경우 서양사회와 비교해 볼 때 전근대 시기
결혼 연령은 매우 낮았다. 흔히 조혼早婚이라고 부르는 이러한 관

습이 왜 생겨났는지에 대해서는 여러 가지 가능성을 생각해 볼 수 있겠지만, 많이 이야기되는 것이 몽골 침입의 영향이다. 널리 알려진 바와 같이 몽골은 우리나라에 젊은 처녀들을 공물로 바칠 것을 요구했는데, 이를 피하기 위해 부모는 성년이 되기 전에 딸을 시집보내기 시작했고, 이러한 행태가 지속된 결과 조혼이 하나의 관습으로 정착되었다는 것이다. 박희진 박사가 수집한 자료는 1100년 경까지 거슬러 올라가는데, 조선 전기는 물론 고려시대 후기까지도 초혼 연령은 10대 중반을 넘지 않는 것으로 나타난다. 물론 몽골 지배의 영향이 이처럼 1,000년 가까이 장기적인 영향을 끼칠 만큼 강력한 것인지 여부에 대해서는 좀 더 많은 연구가 이루어져야 할 것이다.

조혼 풍습은 식민지기에도 유지되다가 해방 이후가 되면 바뀌게 된다. 1960년이 되면 남녀 모두 평균 초혼 연령이 20세를 넘어서는데, 이후 빠른 속도로 상승해서 2018년에 오면 남성은 평균 초혼연령이 33.2세, 여성은 30.4세로 상승하였다(그림 1-1 참조). 이러한 상승 추세는 향후 한동안은 지속될 것으로 예상된다. 혼인연령의 상승이 왜 발생하며, 이것이 가져올 사회경제적 영향이 무엇인지에 대해서는 다양한 분야에서 연구가 활발히 진행되고 있다. 기본적으로 혼인 연령 상승은 인적자본의 축적이나 경제활동 참가인구의 증가와 밀접하게 관련되어 있기 때문에 부정적으로만 볼 이유는 없다. 단, 많이 논의되는 것처럼 만혼晩婚으로 인해 가임기간이 단축되고 이것이 출산율 저하로 연결될 수 있다는 점, 또

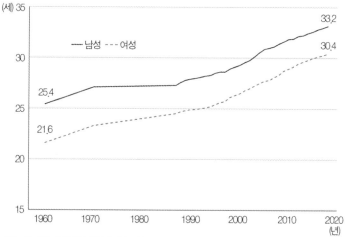

그림 1-1_ 우리나라의 초혼연령(1960~2018년)

자료: 통계청, 『인구동태통계연보』 등.

늦은 출산이 산모와 아기의 건강에 부정적인 영향을 미칠 수 있다
는 문제가 있기 때문에, 좀 더 심도 있는 연구를 통해 원인을 파악
하고 실효성 있는 대책을 마련하는 작업이 이루어져야 할 것이다.

그러나 이와 같은 분석과 대안 마련에 대한 촉구와 아울러 드
는 생각은 만혼 현상에 대한 감상적感傷的인 상념이다. 더 좋은 조
건을 갖춘 배우자를 찾으려고 또 그들에게 선택받을 수 있도록 자
신을 계발하느라고 사랑과 결혼을 늦추는 것이 오늘날 우리의 삶
이라면, 사랑만을 위해 모든 것을 버리는 10대들의 삶을 그린 고
전들은 우리에게 어떤 의미가 있을까. 사랑만을 좇았던 옛 연인들
의 이야기는 아무런 감흥을 주지 못하는 난센스로 치부될 것인가.
아니면 조건이 좋으면 사랑은 따라온다는 속된 생각에 억눌려서

잊혀왔던 순수한 사랑에 대한 그리움을 다시 불러일으키는, 그런 의미에서 더욱 절실하게 다가오는 살아 있는 이야기일까. 이것이 야말로 옛 연인들의 사랑이야기가 우리에게 던지는 진정한 질문이 아닐까 싶다.

조선시대 양반 여성의 출산율

다산 정약용(1762~1836)이 생전에 남긴 많은 글을 모은 문집에는 아내인 풍산 홍씨에 대한 짤막한 글이 한 편 있다. 여기에는 그의 아내가 아이를 몇 명 낳았는지 그리고 아이들 중 누가 세상을 떠났고 계속 성장했는지 등이 상세히 기록되어 있다(박스 참조). 풍산 홍씨는 평생토록 아들 여섯, 딸 셋으로 자녀를 총 아홉 낳았는데, 이 가운데 아들 넷과 딸 둘 총 여섯이 성인이 되기 전에 사망하였다. 그 결과 성년까지 생존한 자녀는 2남 1녀로 총 셋이었다.

다산의 문집에는 당대의 사회적 현실을 평가하고 정책대안을 담은, 경제학자의 이목을 끌 만한 글이 많이 실려 있다. 그런데 대다수의 학자들이 그동안 관심을 갖고 연구해 온 그런 종류의 글들을 제쳐두고 이런 소품(?)에 관심을 기울이는 이유는, 이 글이 조선 후기의 사회 경제 현실과 관련해서 한 사상가의 생각이 아니라

풍산 홍씨의 생애

내가 처음 경자년(1780, 정조 4) 가을 예천醴泉의 군사郡舍에서 아기 하나를 지웠고, 신축년 7월에 아내가 학질로 인해 계집아이 하나를 여덟 달 만에 출산했는데 4일 만에 죽었으므로 미처 이름을 짓지 못한 채 와서瓦署의 언덕에 묻었다. 그다음에는 무장武牂과 문장文牂을 낳았는데, 다행히 성장하였다. 그다음이 구장懼牂이고, 그다음은 딸아이 효순孝順인데, 순산했기 때문에 효순이라 한 것이다.

구장이와 효순이에게는 모두 광명壙銘이 있으나, 진짜 광명이 아니라 책에만 기록한 것이다. 그다음에는 딸 하나를 얻었는데, 지금 열 살이 되어 이미 두 번째 홍역을 지냈으니, 아마 이제는 요사夭死를 면한 것 같다. 그다음은 삼동三童으로, 곡산谷山에서 천연두로 요절하였다. 그때 아내는 아기를 가졌다가 슬퍼하는 중에 아들을 낳았는데, 열흘이 지나 또 천연두를 앓다가 며칠 안 되어 요절하였다. 그다음이 곧 농장農牂이다. 삼동이는 병진년(1796, 정조 20) 11월 5일 태어나서 무오년 9월 4일 죽었으며, 그다음 아이는 이름이 없다. 구장이와 효순이는 두척산斗尺山에 묻었고, 삼동이와 그다음 아이도 두척산 기슭에 묻었으니, 농장이도 역시 두척산 기슭에 묻어야 할 것이다.

모두 6남 3녀를 낳았는데, 산 아이가 2남 1녀이고 죽은 아이가 4남 2녀이니, 죽은 아이가 산 아이의 2배이다. 아아, 내가 하늘에 죄를 지어 잔혹함이 이와 같으니, 어찌할 것인가.

- 『다산시문집』 제17권에서

당시의 현실을 있는 그대로 엿볼 수 있도록 해주기 때문이다. 그것은 바로 출산과 영유아 사망에 대한 정보이다.

여느 나라들처럼 우리나라의 전근대 인구에 대한 정보는 매우 희귀하다. 『조선왕조실록』이나 『호구총수戶口總數』 등 공식기록에는 인구집계자료가 실려 있지만, 신빙성이 떨어질 뿐 아니라 이 자료만으로는 출산, 사망 등 중요한 정보들을 끄집어 낼 수 없다. 최근 들어 족보를 통한 연구가 이루어지고 있지만, 족보는 남성 중심 기록이라는 점 그리고 태어나서 일찍 죽은 아이들은 기록이 잘 되어 있지 않다는 점을 한계로 갖는다. 이런 점들을 감안할 때 출산력 전체를 담고 있는 위와 같은 자료는 우리나라는 물론 세계 어느 나라에서도 쉽게 얻기 어려운 귀중한 자료이다. 만일 이러한 종류의 자료를 많이 모을 수 있다면 우리나라 전근대 사회의 인구를 이해하는 데 크게 이바지할 수 있을 것이다.

물론 풍산 홍씨의 경우처럼 여성의 출산력을 상세히 담은 글이 흔한 것은 아니다. 우선 조선시대에 문집을 남기기 위해서는 돈이 많아야 했다. 따라서 문집으로부터 얻을 수 있는 행장 자료는 기본적으로 상층 양반 가문의 것이 대부분이다. 문집이 남아 있는 시기 역시 조선 후기로 제한이 되기 때문에 더 이전 시기에 대해서는 제대로 된 정보를 얻기가 쉽지 않다. 하지만 이러한 한계가 있음에도 노력 여하에 따라서는 여전히 중요한 정보를 도출해 낼 여지는 있다.

박희진 박사는 오랜 기간 동안 방대한 문집들을 일일이 검색하여 양반가 여성의 행장 자료를 수집하였다. 현재까지 2만여 편의 기록을 면밀하게 검토한 결과 출산 정보가 비교적 잘 기록된 자료는 총 173편이었다. 이 기록들은 주로 17세기 후반을 중심으로 해서 종 모양으로 분포하기 때문에, 조선 후기의 출산력 수준이 얼마나 되었는지를 파악하는 자료로 활용할 수 있다. 필자는 박희진 박사의 도움으로 이 자료를 분석하여 전근대 시기 우리나라의 인구 동학과 관련한 흥미로운 사실들을 도출할 수 있었다.[*]

우선 173명 중 60%가량의 여성은 폐경이 되기 전인 50세 이전에 사망하였다. 사망 이유는 여러 가지가 있었겠지만 출산 중에 또는 출산후유증으로 세상을 떠난 것이 가장 큰 이유로 추정된다. 당대로서는 영양 상태나 의료 지원이 최고였을 상층 양반 가문에서도 출산의 위험은 그만큼 컸다는 것을 알 수 있다.

이 여성들 중에는 아이를 하나도 낳지 않았던 경우도 있는 반면 13명을 낳은 경우도 있었는데, 평균 자녀 수는 5.1명이었다. 그런데 출산율 측정에 흔히 사용되는 지표는 합계출산율로, 이것은 여성이 가임기 전체 동안 낳은 아이의 수를 측정한 것이다. 이 자료로 보면 50세까지 생존한 여성이 평생에 걸쳐 낳은 아이 수가 여기에 상응한다고 할 수 있는데, 이 값은 평균 6.9명이었다.

이 수치의 의미를 이해하기 위해서는 다른 나라들과 비교해 보아야 한다. 먼저 이 결과는 기존에 알려져 있는 일본이나 중국 등

---

[*] 김두얼, 「행장류 자료를 통해 본 조선시대 양반의 출산과 인구변동」, 《경제사학》 제52호(2012), 3~27쪽.

표 1-1_ 동아시아와 서유럽의 유배우 출산율(1600~1900년)

국가		시기(연도)	출산율(명)
동 아 시 아	한 국	1500~1850	6.9
	중 국	1774~1873	6.3
		1700~1890	5.3
	타 이 완	1906~1910	6.3
	일 본	1603~1863	5.7
서 유 럽	영 국	1600~1824	9.5
	프 랑 스	1690~1789	8.3
	독 일	1750~1874	10.6~11.3

자료: 김두얼, 「행장류 자료를 통해 본 조선시대 양반의 출산과 인구변동」,《경제사학》
제52호(2012), 16쪽, 표 5.

동아시아 국가들의 출산율과 비교적 유사하다(표 1-1 참조). 하지만
흥미롭게도 서양의 전근대 사회보다는 낮은 수준이다. 영국 인구
사에 대한 토니 리글리와 로저 스코필드의 기념비적인 연구에 따
르면, 영국의 여성들은 우리나라보다 거의 10년이나 늦은 20세
중엽에 결혼을 했는데, 평생에 걸쳐 출산한 아이들의 숫자는 10명
에 육박했으며, 다른 서유럽 국가들에서도 유사한 양상을 보였다.

이렇게 태어난 아이들 가운데 절반 정도는 이른 나이에 사망하
여, 성인이 되어 결혼을 하는 자녀는 두 명이 약간 넘는 수준이었
다. 이것은 흔히 전근대 사회의 출산율로 알려진 수준, 즉 현재 인
구의 재생산이 가능한 수준에서 크게 벗어나지 않는다는 통념과
일치하는 결과이다.

이상의 연구 결과는 우리나라 인구의 장기적 변화를 실증적으

로 이해하는 데 중요한 정보를 제공한다. 무엇보다도 우리나라의 전근대 사회가 많은 아이들이 태어나지만 많은 수가 죽는 다산다 사多産多死 사회였다는 점을 확인해 볼 수 있다. 조선 사회에서 가장 영양 상태가 좋았던 계층에서도 이러한 양상이 확인된다는 점은 영양 상태만큼이나 보건의료 조건이 다산다사의 인구구조를 결정하는 중요한 요인이었음을 시사한다는 점에서 흥미롭다.

우리나라의 인구구조에 큰 변화가 발생하는 것은 개항기 이후이다. 이 시기가 되면 과거의 출산율 수준은 그대로 유지되는 반면, 영유아 사망률이 큰 폭으로 하락을 하여 인구가 크게 증가한다. 이러한 인구 변천이 발생한 데에는 종두법 보급 등과 같은 보건의료의 확산과 생활수준 향상 등이 복합적으로 작용을 했는데, 여기에 대해서는 향후 보다 심도 있는 연구가 필요하다.

두 번째 변화는 지난 40여 년 동안 진행되고 있는 출산율의 급격한 하락이다. 인구총조사 등 여러 가지 자료들은 1950~1960년대까지만 하더라도 우리나라 여성들이 전근대 사회와 유사한 평균 여섯 명의 자녀를 낳은 것으로 보인다. 그러던 것이 1970년대부터 급격하게 낮아지기 시작해서, 최근 들어서는 OECD 국가 중에서도 가장 출산율이 낮은 국가가 되었다.

출산은 기본적으로 개인적 선택의 문제이다. 하지만 그 결과가 사회적으로 큰 파장을 낳는다면, 사회 전체적인 차원에서 고민을 하는 것은 결코 이상한 일이 아닐 것이다. 출산율이 왜 이렇게 빠르게 하락하는지, 그리고 이것을 완화하려면 어떤 노력을 기울여야 하는지에 대해 우리 학계에서는 많은 연구가 이루어지고 있다. 하지만 해법을 쉽게 찾지 못하고 있다. 이와 같은 거대한 변화를 제대로 이해하려면 현재의 상황에만 너무 몰두하기보다는 다양한 각도에서 폭넓은 고찰을 시도하는 것이 도움이 될 수 있다. 조선 후기 여성들의 삶을 되돌아보고 출산의 장기적 추이에 대해 생각해 보는 실질적 이유를 굳이 들어야 한다면 이런 것이 아닐까 싶다.

부모로서의 왕과 왕비

왕비는 조선시대에 여성이 오를 수 있는 최고의 자리였다. 42명이 왕비가 될 기회를 가졌었는데, 이처럼 왕비의 숫자가 왕의 숫자(27명)보다 많은 것은 두 명 이상의 왕비를 맞은 왕이 11명 있기 때문이다. 가장 왕비를 많이 맞은 왕은 숙종으로 총 네 명이었는데, 이중 인경왕후는 건강 때문에 일찍 세상을 여의었고, 인현왕후와 희빈 장씨는 생전에 자리에서 물러나야 했다. 전체적으로는 정치적인 이유 등으로 생전에 왕비의 자리를 내놓아야 했던 경우보다는 건강상의 이유로 왕비가 왕보다 일찍 세상을 떠난 것이 왕비의 수를 늘린 주된 이유였던 듯하다.

왕비는 궁의 살림을 돌보는 등 여러 가지 업무를 수행해야 했지만, 무엇보다 왕위 계승권자인 왕자를 낳는 것이 가장 큰 임무였다. 왕자의 출산은 단순히 대를 잇는다는 것을 넘어 왕권의 근본을 세우는 매우 중요한 일이었다. 왕비가 아들을 낳지 못하면, 누구를 후계자로 삼을 것인가를 놓고 매우 복잡한 정치적 문제가 발생하고, 이렇게 선택된 왕은 왕위에 오른 이후까지도 신하들을 통솔하는 데 어려움을 겪었기 때문이다.

문제는 왕비들 중 상당수가 이처럼 중요한 책무를 제대로 이행하지 못했다는 점이다. 조선의 왕비가 낳은 평균 자녀 수를 계산해보면, 아들 한 명에 딸 한 명으로 총 두 명이었다. 흔히 전근대 사회가 다산을 장려하는 사회였고 왕비에게는 특히 그것이 요구되었다는 점에 비춰보면 이는 매우 놀라운 사실이다. 이 숫자는 태어나서 일찍 죽은 자녀를 상당수 포함한 것이기 때문에 전근대 사회의 일반적 출산율로 알려진 것보다도 크게 낮은 것으로 판단된다.

그런데 왕비가 낳은 자녀 수의 분포를 보면 편차가 크다(그림 1-2 참조), 세종의 부인 소헌왕후는 가장 많은 자손을 두어서 아들이 여덟, 딸이 둘로 모두 10명의 자식을 가졌다. 하지만 이처럼 많은 자손을 낳은 왕비는 매우 드물었고, 평균보다 많은 셋 이상을 낳은 왕비도 11명밖에 없었다. 42명 가운데 절반에 해당하는 20명은 아예 아이를 하나도 낳지 못했다.

왕비들이 가례를 올린 나이는 평균 나이 13세였고(영조의 두 번째 부인이었던 정순왕후조차도 16살에 66세인 영조와 가례를 올렸다), 이들의 평균 수명은 50세가량이었기 때문에, 왕비들의 가임 기간은 일반적으로 충분했던 것으로 판단된다. 왕비 스스로도 왕자의 생산이 자신의 지위를 강화하는 중요한 근거였기 때문에 임신을 회피했을 이

그림 1-2_ 조선시대 왕비들이 낳은 자녀의 수

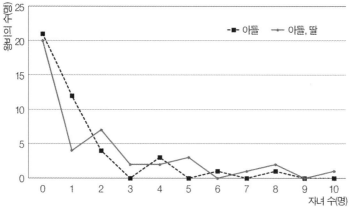

자료: 지두환, 『태조대왕과 친인척』(1999, 역사문화) 등.

유도 크지 않았을 것이다. 회임이 이루어질 경우 최고 수준의 섭식과 의료 서비스를 누렸을 것이므로 유산이나 사산 등이 일어날 확률은 동시대의 어느 누구보다도 크게 낮았을 것이다. 그럼에도 이처럼 왕비들이 자녀를 적게 둘 수밖에 없던 까닭은 무엇일까? 심도 있는 연구가 필요한 주제이다.

한편, 위에서 살펴본 현상을 왕의 측면에서 보면 새로운 양상을 볼 수 있다. 조선의 왕 한 명이 둔 적자嫡子의 평균 수는 아들 1.7명에 딸 1.4명으로 총 3.2명이었다. 하지만 실제로 평균 이상이라고 할 수 있는 세 명 이상의 적자 아들을 둔 경우는 태조, 태종, 세종, 인조, 고종 등 다섯 명뿐이다(고종의 경우, 명성황후가 아들을 셋 낳긴 했으나 그중 두 명이 일찍 죽었기 때문에 사실상 순종 하나만을 낳은 셈이다. 그렇게 보면 사실은 고종을 뺀 네 명이라고 보아야 할 것이다). 그리고 적자 아들을 아

36

그림 1-3_ 조선시대 왕들의 적자 아들 수

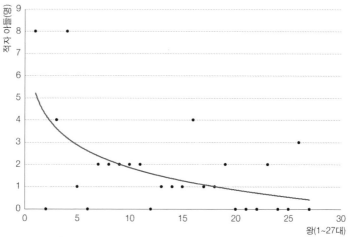

자료: 지두환, 『태조대왕과 친인척』(1999, 역사문화) 등.

예 한 명도 두지 못한 왕이 아홉이나 되었다.

　주목할 만한 사실은 후대로 갈수록 왕의 평균 적자 아들 수가 감소했다는 점이다(그림 1-3 참조). 태조, 태종, 세종 등 왕조 초기의 왕들은 적자 아들을 넷 이상 두었다. 하지만 세조로부터 중종까지 다섯 왕은 왕자를 두 명 두었고, 인종부터 숙종까지의 왕들이 둔 아들은 평균 1.4명으로 적어진다. 심지어 경종부터 순종까지 조선의 마지막 여덟 임금 중에는 적자 아들을 단 한 명도 두지 못한 왕이 여섯이었다.

　이처럼 1700년 이후 등극한 왕들이 적자 왕자를 거의 두지 못했다는 사실은 왕조의 정치적 안정성에 심각한 문제를 야기했다. 앞서 언급한 바와 같이 왕이 정통성을 온전하게 확보하지 못하고

등극할 경우, 왕권은 초기부터 불안정해질 위험에 노출된다. 특히 조선 말기의 철종, 고종 등은 모두 양자였고 사실상 집권 세력에 의해 선택된 왕이었다. 집권세력은 왕실의 자손 가운데 총명하고 능력 있는 자보다는 자신들이 다루기 쉬운 사람을 골랐기 때문에, 이들이 정치적 권위를 세우고 나라를 올바른 방향으로 이끌기를 바라기는 애당초 부질없는 일이었다고 할 수 있다. 결국 왕과 왕비가 국왕의 자질을 갖춘 아들을 낳아 키워낼 수 있는 부모로서의 능력을 갖추지 못했던 것이 조선 왕조의 쇠락에 크게 기여한 셈이다.

전근대 군주국가에서 국왕 개인의 인품과 육체적·정신적 능력은 왕조의 흥망성쇠를 결정하는 핵심 요소 중 하나이다. 아울러 왕이 자녀를 얼마나 두었는지와 같은 사생활의 영역 역시 단순히 한 개인의 행·불행 차원이 아닌, 국가의 운명을 좌우하는 중요한 요인이었다. 조선 왕조의 흥망성쇠와 왕이라는 인간의 개인적 삶이 구체적으로 어떻게 연결되었는지에 대해 체계적인 가설을 세우고 분석한 연구는 아직 없는 듯하다. 차후에 왕실 구성원들의 사생활이나 왕실의 병력 등에 대한 미시적 분석, 그리고 이것을 조선 왕조의 정치구조와 연결시키는 거시적 작업이 이루어져서 조선 시대에 대한 좀 더 심도 있는 이해가 이루어지길 기대한다.

그러나 왕의 자녀 수에 대한 이상의 검토만으로도 한 가지 교훈은 분명해 보인다. 여러 가지 문제점이 있음에도 민주주의 혹은 선거를 통한 통치자의 선출이라는 제도는 한 정부의 정통성과 안정성을 왕실이라고 규정된 특정 집안 사람들의 유전자나 건강상태에 의존하지 않아도 된다는 점에서 군주제보다 우월하다는 사실이다. 능력이 뛰어난 사람을 지도자로 선출한다는 원리가 적용되지 않는 조직은 그것이 국가가 되었건 기업이 되었건 장기적으로 번성하기 어렵다. 조선 왕실의 전철을 답습하는 것처럼 보이는 우리 대기업들의 행태, 그리고 이들에 크게 의존하는 우리 경제의 장래에 대해 우려를 갖게 되는 것도 이러한 맥락에서이다.

성전환과 성감별

1995년 서구 경제학계는 도널드 맥클로스키Donald McCloskey라는 경제사학자의 소식으로 떠들썩했다. 시카고대학 경제학과 교수를 역임하며 활발한 연구활동을 펼치던 53세의 중견학자가 이메일을 통해 자신이 '젠더 크로서gender crosser'임을 밝히고는 얼마 안 있어 네덜란드로 날아가 성전환 수술을 받았기 때문이다. 30년 가까이 정상적인 가정을 꾸려왔고 대학 시절 미식축구 선수로 활동하기까지 했던 건장한 체격의 대학 교수가 이런 일을 결행했다는 사실은 세인의 관심을 끌기에 충분했다. 이후 그는 이름을 디아드르 맥클로스키Deidre McCloskey로 바꾸고, 경제사는 물론 문화비평이나 페미니즘 등 새 영역으로 범위를 넓혀가며 활발한 연구를 펼쳐왔다.

자연으로부터 받은 성별을 바꾸고자 하는 시도는 크게 보면 두 맥락에서 오랫동안 이어져 왔다. 하나는 맥클로스키처럼 육체적 성과 정신적 성정체성의 불일치를 해소하려는 노력이다. 과거에는 남성이 여성의 옷을 입는 것과 같은 방식으로 달랠 수밖에 없었지만(이들을 크로스 드레서cross dresser라고도 한다), 20세기에 들어 외과 의술의 발달하자 육체적 성을 바꿈으로써 문제를 해결하는 현상이 나타나게 되었다. 우리나라에서도 하리수와 같은 연예인들을 통해 성전환자cross-gender의 존재가 널리 알려졌고 이들을 백안시하던 일반인들의 인식도 점차 나아져 가는 듯하다.

다른 하나는 원하는 성의 자녀를 갖고자 하는 부모의 욕망과 관련되어 있다. 우리 사회에서 아들을 낳으려는 노력은 오랜 세월 동안 눈물겹도록 다양한 방식으로 이루어졌다. 이 중 특히 흥미로운 것이 소위 전녀위남법轉女爲男法이다. 우리나라 의학사를 연구하는 KAIST 신동원 교수에 따르면, 뱃속에 생긴 딸을 아들로 바꿔준다는 이 기술은 허준의 『동의보감』뿐 아니라 조선 시대 여러 의서에서 상세하게 다루어지고 있다고 한다. 과연 의서에 나와 있는 대로 은도끼를 임신부 이부자리에 깔아두거나 하는 방술이 성공적으로 작동했을까? 전녀위남법이 성공적이지 못했다는 간접적인, 그러나 명확한 증거는 출산아의 성비(여성 100명당 남성의 수)가 아닐까 싶다. 전녀위남법이 여전히 널리 사용되던 식민지기의 인구통계를 보면 대략 0~4세 아이의 성비가 103으로, 정상 성비라고 여겨지는 105와 사실상 같은 수준에 머물러 있었다.

하지만 신생아 성비는 1980년대에 접어들면서 정상 수준을 벗

그림 1-4_ 우리나라 신생아의 출생성비(1971~2018년)

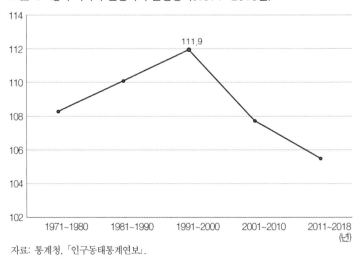

자료: 통계청, 「인구동태통계연보」.

어나게 된다. 1980년 초기부터 성비가 크게 상승하기 시작해서 1990년대 전반기에는 110을 넘어서는 양상을 보인다(그림 1-4 참조). 이 같은 성비의 증가는 잘 알려진 바와 같이 1980년 초음파 검사 기법의 확산에 따른 것이다. 태아의 상태를 파악하고 예방조치를 취할 목적으로 개발된 초음파 검사 기술이 우리나라에 들어와서는 태아 성감별의 수단이 되어버렸고, 수많은 여성 태아를 죽음으로 몰고 갔다.

정부에서는 1987년 의료법에 성감별 자체를 금지하는 조항을 추가함으로써 문제에 대처하였다. 그러나 아이들이 태어난 순서에 따른 성비의 차이는 성감별과 낙태가 공공연하게 이루어져 왔음을 극명하게 보여준다(그림 1-5 참조). 첫째아이나 둘째아이의 경

42

그림 1-5_ 출산순위별 출생성비(1990~2018년)

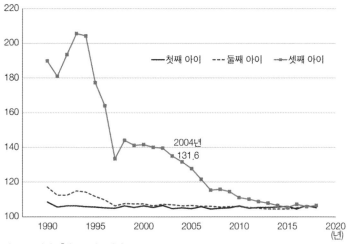

자료: 통계청, 「인구동태통계연보」.

우 성비는 대략 105~106 정도로 정상 수준에 머물러 있는 데 반해, 셋째 이후로 태어난 아이의 성비는 2004년까지도 130을 넘어서 있다. 간혹 높은 신생아 성비가 아들을 낳을 때까지 아이를 낳는 관행에서 비롯된 현상이라고 생각하는 경우가 있으나, 간단한 통계학적 추론은 이러한 추이가 성감별에 근거한 낙태가 아니면 나타날 수 없다는 것을 명확히 보여준다(박스 참조).

다행히도 2000년대에 들어 남아 선호는 급속히 퇴조했고, 2010년대에 와서는 신생아 성비는 전체적으로나 연령별로 보나 정상화되었다. 이러한 흐름에 발맞추어 2008년 헌법재판소도 태아의 성별을 부모에게 알려주는 것을 처벌하는 의료법 조항이 헌법에 위배된다는 헌법불합치 결정을 내렸다. 그 결과 1987년부터

낙태와 신생아 성비

남아 선호에 따른 출산 관행, 즉 딸을 낳은 부모가 아들을 낳을 때까지 계속 출산을 할 경우 이것이 궁극적으로 아들의 숫자를 증가시켜 성비를 높일 수 있을까? 간단한 통계학적 추론만으로도 이러한 가능성은 손쉽게 기각된다. 예를 들어 남자와 여자가 태어날 확률이 50:50이고, 연속해서 태어나는 두 아이의 성별 간에 특별한 상관관계가 없으며(혹은 통계학 용어를 빌리자면 두 사건이 독립적이며), 여성들은 아들을 낳아야만 출산을 멈춘다고 하자. 이러한 조건하에서 2008년 5월 1만 명의 여성이 임신했을 경우, 10개월 뒤 임산부 5,000명은 아들을, 5,000명은 딸을 낳을 것이다. 아들을 낳은 엄마들은 아이를 더 낳지 않을 것이고 딸을 낳은 엄마들만 2009년 5월 다시 임신을 할 텐데, 이들 역시 10개월 후 2,500명은 아들을 낳고 2,500명은 딸을 낳게 될 것이다. 결국 이러한 과정을 계속 진행할 경우, 2008년 처음 임신한 여성이 낳을 아들 수와 딸 수는 총 20,000명($=10000 \cdot \frac{1}{2}+10000 \cdot (\frac{1}{2})^2$ $+10000 \cdot (\frac{1}{2})^3 + \cdots$)으로 동일하다.

20년 가까이 유지되어 오던 의료법의 해당 조항도 삭제되었다.

이러한 변화는 남아 선호와 관련한 우리 사회의 인식이 크게 바뀌었기 때문에 가능한 것이었다. 여기에 그치지 말고 우리 사회에 아직도 뿌리 깊게 남아 있는 남녀 간 차별도 계속 개선될 수 있기를 기대한다. 그리고 이를 통해 우리 사회가 좀 더 평등한 사회로 나아갈 수 있기를 희망한다.

최고 통치자의 임기

오늘날 민주주의 국가에서 최고 통치자는 법과 제도가 규정한 임기 동안 업무를 수행한다. 하지만 전근대 사회에서는 종신직이었던 왕의 임기는 주로 생물학적 요인에 의해 결정되었다. 즉 정치적 변고가 없는 한 왕의 통치 연한은 대개 몇 살에 왕위에 올랐고 언제 수명을 다하는가에 따라 규정되었다. 과연 조선시대 왕의 재임기간은 얼마나 되었을까?

조선시대 27명의 왕이 나라를 다스린 기간은 평균 19년이다 (그림 1-6 참조). 그런데 이것은 52년간 왕좌에 있었던 영조나 40여 년간 왕위를 유지한 숙종, 고종, 선조처럼 오랜 기간 권좌에 있던 몇몇 왕의 재임기간이 크게 영향을 미친 결과이다. 중위수median (27명의 왕을 재임기간이 짧은 왕부터 긴 왕까지 순서대로 세웠을 때 중간에 해당하는 14번째 왕의 임기)를 계산해 보면 대략 15년으로, 평균값보다 4년 정

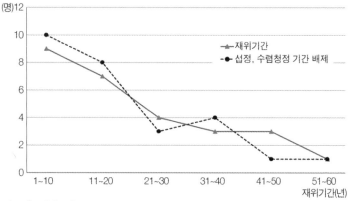

그림 1-6_ 조선시대 왕의 재위기간

(명)12

10

8

6

4

2

0

1~10   11~20   21~30   31~40   41~50   51~60
재위기간(년)

재위기간
섭정, 수렴청정 기간 배제

자료:『조선왕조실록』등.

도 짧다. 그런데 즉위를 한 뒤에도 성인이 될 때까지 몇 년 동안 섭정이나 수렴청정 기간을 가져야 했던 왕도 많았다. 따라서 이러한 기간을 배제하고 스스로 왕 노릇을 한 기간으로 재임기간을 계산해 보면 평균값은 17.6년, 중위수는 14.0년이 된다. 결국 조선시대 왕의 평균 통치 연한을 가장 잘 반영하는 값은 14년 정도가 아닐까 싶다.

14년은 현재 우리나라 대통령의 임기인 5년보다 약 3배 가까이 긴 것이다. 언뜻 보기에는 상당히 길어 보이지만, 일단 즉위를 하고 나면 평생을 왕위에 있을 수 있었음을 고려해 볼 때 의외로 짧은 기간이다. 예를 들어 왕세자가 25세에 왕위에 오를 경우, 40세경이면 왕위에서 내려왔음을 뜻하기 때문이다. 과연 재위기간이 이처럼 짧았던 것이 나이가 많이 들어서야 왕위에 오를 수 있어

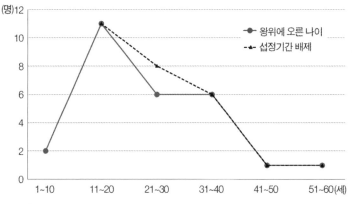

그림 1-7_ 조선시대 왕이 왕위에 오른 나이

(명)

- 왕위에 오른 나이
- 섭정기간 배제

자료: 『조선왕조실록』 등.

서였을까, 아니면 왕이 삶을 다하기 전에 일찍 왕위에서 내려올 수
밖에 없어서였을까? 혹은 왕의 수명이 짧아서였을까?

우선 왕위에 오른 평균 나이를 살펴보면 등극이 늦어서 재위기
간이 짧았던 것은 아닌 듯하다. 태조가 50세, 정종이 41세에 왕위
에 올랐지만 이것은 왕조 초기에 있었던 매우 예외적인 경우였고,
대부분의 왕은 30세 이전에 등극했기 때문이다(그림 1-7 참조). 왕위
에 오른 나이의 평균값은 약 24세, 중위수는 약 21세였다.

결국 재임기간이 14년에 머문 것은 왕들이 왕좌에서 일찍 내
려와야 했기 때문이었다. 왕위를 내준 것은 생전에 정치적인 이유
로 왕위를 이양하는 경우와 생을 마감했기 때문에 왕위를 마치는
두 경우로 나누어 볼 수 있다. 전자에 해당하는 왕이 일곱 명이다.
태조 이성계와 정종은 건국 초기의 정치적 불안정 때문에 생전에

왕위를 승계하였다. 단종은 허명뿐인 왕좌에 3년간 머물다 세조에게 왕위를 계승한 뒤 약 1년 만에 유배지에서 어린 나이에 생을 마쳤다. 연산군과 광해군은 신하들에 의해 왕위에서 쫓겨났다. 둘다 유배지에서 생을 마감했지만, 연산군은 왕위에서 내려온 지 얼마 되지 않아 죽었는데 그에 비해 광해군은 18년이나 더 살다 죽어서 대조를 이룬다. 마지막으로 고종과 순종은 일본에게 국권을 빼앗긴 탓에 왕위를 내어놓아야 했다.

하지만 나머지 20명의 왕은 수명이 다할 때까지 왕위를 유지하였다. 앞서 살펴본 평균 재임기간과 즉위 연령을 고려해 볼 때이들은 대개 40세 초반에 생을 마감했다고 추정할 수 있는데, 실제로 조선시대 왕의 평균수명은 46세였다. 한 가지 재미있는 사실은 평균수명의 분포 양상이다(그림 1-8 참조). 평균이 46세였지만, 27명의 왕 가운데 40대에 수명을 다한 경우는 정조와 순조 둘뿐이었다. 오히려 분포를 보면 30대와 50대에 쌍봉을 이루는 양상으로 분포되어 있다. 조선시대 왕들은 마흔을 넘기지 못하고 수를 다한 경우와 쉰 이상을 산 경우로 크게 반분할 수 있는 셈이다. 이두 집단의 평균 재임기간은 각각 10년과 25년으로 큰 차이를 보인다. 우리에게 다소 낯선 이름인 문종, 경종, 예종, 인종 등이 바로전자에 해당하는 전형적인 임금들인데, 결국 왕들의 짧은 수명이재위기간을 낮춘 원인이었던 셈이다.

왕의 재위기간과 평균수명에 대한 이상과 같은 결과는 다소 충격적이다. 족보를 이용해서 조선 후기 사람들의 평균수명을 추정

그림 1-8_ 조선시대 왕의 수명

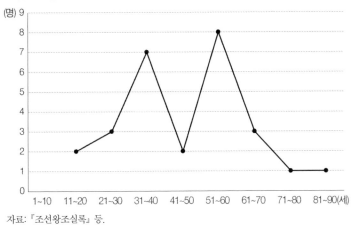

자료: 『조선왕조실록』 등.

한 연구에 따르면, 결혼한 양반 남성의 평균수명은 대략 55세 전후로 나타난다. 이는 왕의 평균수명이 일반 사대부와 큰 차이가 없거나 오히려 다소 낮았음을 의미한다. 왕은 섭식이나 생활환경 측면에서 조선에 살던 사람들 중 혜택을 가장 많이 누렸을 텐데도, 일반 사대부들보다 오래 살지도 못했으며 심지어 그중 절반은 마흔이 채 되기 전에 세상을 떠나야 했다. 왕이라는 직책이 주는 과도한 업무와 스트레스가 원인이었을까. 조선 왕실 전체에 대한 인구학적 분석을 통해 밝혀져야 할 문제이다.

오늘날 우리나라 대통령의 생애 주기는 조선시대 왕들과는 매우 다르다. 박정희 대통령은 40대 중반에 대통령에 올랐지만 매우 예외적인 경우였고, 대부분은 50~60대에 대통령이 되었으며 이승만, 김대중 대통령은 70대에 대통령직에 올랐다. 또 박정희 대통령을 제외하고는 임기 중에 생을 마친 경우는 없다. 현재 우리나라 국민의 평균수명을 고려해 볼 때, 대통령이 이임한 후에도 20~30년을 사는 것은 앞으로도 매우 일반적인 현상일 것이다. 이는 자신이 세상을 떠난 뒤에 사관들에 의해 업적을 평가받았던 조선시대 왕들과는 달리, 현재 우리나라의 대통령들은 살아 있는 동안 내내 자신의 재임기간에 대한 세인의 평가를 들어야 함을 의미한다. 퇴임 후에도 자랑스럽게 자신의 임기를 되돌아볼 수 있고 모든 국민이 이 기간을 좋은 시기로 평가할 수 있는 대통령이 많아지기를 기원한다.

행려사망자

1949년 3월 14일 관보에는 나혜석의 죽음을 알리는 기사가 실렸다. 나혜석은 식민지기에 여성으로서는 드물게 미술가, 문필가로 활발한 활동을 펼쳤으며, 당시로서는 결혼관, 연애관, 여성관의 파격성으로 세상에 널리 이름을 알렸다. 하지만 보수적인 사회 분위기에서 사람들은 그녀에 대해 곱지 않은 시선을 보냈고, 그 때문에 말년에는 가족에게서도 버림받은 채 세상을 떠돌다가 시립자혜원에서 쓸쓸하게 생을 마쳐야 했다. 그녀의 작품이나 사상은 그동안 별다른 주목을 받지 못했지만 최근에 와서 그녀의 삶과 업적을 총체적으로 재조명하는 노력이 활발하게 이루어지고 있다.

그런데 나혜석의 죽음을 알린 이 기사에는 몇 가지 설명이 필요한 부분이 있다. 우선 이 기사는 유명인사의 죽음을 알리는 부고란이 아니라, 정부가 행려사망자行旅死亡者들의 사망과 처리를 알리는 광고란에 실린 것이었다. 이 기사에는 나혜석이 53세인 1948년 12월 10일 서울 시립자혜원에서 병사했다는 사실과 함께 망자의 키나 외모와 같은 신체적 특징, 소지품, 사망자 처리 담당자 이름 등이 항목별로 열거되어 있을 뿐이다.

아울러 정부가 새로 만든 법률이나 행정처분 등을 고시하는 수단으로 사용하는 관보에 행려사망자 관련 기사가 실렸다는 점도 오늘날 기준에서 보면 다소 이채롭다. 관보에 행려사망자 기사가 수록되기 시작한 것은 1900년대부터이다. 대한제국 그리고 통감부의 관보 광고란에는 간혹 행방불명자나 신원을 알 수 없는 사망자를 알리는 기사가 실리곤 했는데, 1912년 11월에 와서는 행려사망자 처리 기사가 본격적으로 관보 광고란에 게재되기 시작한다. 1년 후인 1913년 11월 조선총독부는 관보의 광고란에 대한 규칙을 정비, 발표하는데, 여기에는 광고란에 수록할 수 있는 사항 중 하나로 행려사망자 관련 기사를 포함시킴으로써 법적 근거를 명확히 하고 있다.

조선총독부가 행려사망자 기사를 체계적으로 게재하게 된 이유를 이해하려면 먼저 행려사망자들이 누구인지를 살펴볼 필요가 있다. 행려사망자는 흔히 연고 없이 떠도는 노숙자나 부랑자 중 죽은 사람으로 이해되곤 하는데, 이는 일반적으로는 맞지만 적어도 조선총독부 관보에 수록된 행려사망자들과는 약간 차이가 있다. 아마도 행려사망자에 대한 가장 정확한 정의는 '변사자 중 연고자가 없어서 지방관청이 사체를 처리한 사람'이 아닐까 싶다. 식민지기에는 변사자, 즉 포괄적인 의미에서 정상적이지 않은 이유로 사망한 사람이 발견되면 오늘날처럼 먼저 경찰에 신고가 되었다. 경찰은 이들이 누구이고 왜 죽었는지를 조사하게 되는데, 변사자 중 상당수는 아예 신원이 파악되지 않거나, 이름이나 본적 등과 같은 기본적 신원은 파악되었더라도 이들의 주검을 수습할 친인척이 가까이에 없는 경우에 해당되었다. 이처럼 신원 파악 여부와는 관계없이 주검을 돌볼 연고자가 없을 경우 해당 지방행정관청이 사체를 처리해야 하는데, 이들이 바로 행려사망자로 명명되는 경우였다.

따라서 행려사망자로 보도된 사람 중 몇몇은 상당히 좋은 옷을 입고 많은 소지품을 지녔던 것으로 기재되어 있기도 하며, 우연한 이유로 물에 빠져 죽거나 기차에 치여 죽은 사람들도 적지 않았다. 간혹 일본인이나 중국인이 여기에 수록되기도 했는데, 이들 역시 본국에 가족이 있더라도 당장 연락이 여의치 않으면 행려사망자로 취급되었던 듯하다. 물론 행려사망자 대다수는 신원 미상에다 소지품이 없다고 적혀 있으며 사망 원인도 질병과 추위, 굶주림으로 기록되었기 때문에, 행려사망자를 부랑자나 노숙자에 가까운 사람으로 정의하는 사회적 통념은 크게 틀린 것은 아니다.

행려사망자를 담당한 지방관서는 기초조사를 마치면 대개 즉시 가매장하거나 화장을 했다. 관보의 기록을 보면 대개 발견된 지 늦어도 2~3일 내에는 시체를 처리한 것으로 나타나는데, 가족을 기다리기보다 이처럼 신속하게 처리했던 것은 위생 문제 때문인

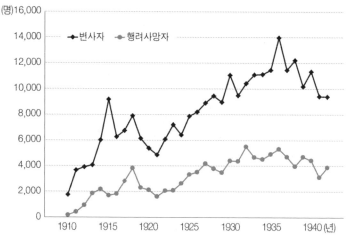

그림 1-9_ 변사자와 행려사망자(1910~1942년)

자료: 조선총독부, 『조선총독부통계연보』.

것으로 추측된다. 시체를 냉동 보관할 만한 시설이 제대로 갖춰지지 않은 상태에서 연고자를 기다리며 며칠씩 시체를 안치하는 것이 불가능했을 것이기 때문이다. 그렇다면 이름도 파악하지 못한 상태에서 시체마저 처리한 뒤 몇 가지 기초적인 인적 사항만을 기재한 광고를 게재하는 것이 실제로 연고자를 찾는 목적에 얼마나 효과적이었을까? 또 전체 행려사망자 중 얼마나 많은 사람이 이렇게 광고가 되었을까? 조선총독부가 매년 발간한 통계연보에는 이 문제를 이해하는 데 중요한 단서가 실려 있는데, 그것은 행려사망자에 대한 집계 통계이다. 1910년대 초에 행정기구가 완비되지 않은 시기를 제외한다면 매년 평균 2,500명에서 3,000명가량의 행려사망자가 발생한 것으로 통계연보는 보고하고 있다(그림 1-9

참조). 역시 통계연보에 수록된 전체 변사자 통계와 비교해 보면 행려사망자는 대략 변사자의 40% 정도를 차지한다. 놀라운(?) 사실은 관보에 수록된 행려사망자 수를 집계해 보면 『조선총독부통계연보』에 수록된 수치와 거의 일치한다는 점이다. 이는 행려병자를 다룬 지방정부들이 행려병자들을 중앙에 보고한 뒤 거의 의무적으로 관보에 게재했음을 뜻한다. 이처럼 행려사망자를 철저하게 파악하고 광고를 수록할 수 있었던 것은 조선총독부가 사망자 처리 비용을 부담했기 때문인 것으로 보인다. 즉 조선총독부는 지방 관청이 사망자에 대한 처리 내역을 보고할 경우 해당 처리비용을 지급했는데, 그와 관련해서 관보게재를 의무화하고 게재비용도 지급한 것이 아닐까 추측된다.

해방 후 들어선 미 군정청, 그리고 1948년에 수립된 우리 정부 역시 조선총독부처럼 관보에 행려사망자에 대한 광고를 계속 게재하였다. 하지만 수록된 광고의 수나 빈도는 식민지기와는 비교할 수 없이 줄어들었고, 1960년대 초가 되면 행려사망자 기사가 관보에서 완전히 사라진다. 그 이후 현재까지 우리나라에서는 각 구청 등이 그 지역에서 발생한 행려사망자에 대한 인적 사항을 보관하면서 문의에 응할 뿐, 식민지기처럼 전국적인 차원에서 행려사망자에 대한 통계를 집계하거나 행려사망자 명단을 총괄 고시하는 작업은 이루어지지 않는다.

사실 행려사망자는 대부분 주검을 수습할 가족이 존재하지 않거나, 연고자들조차도 접촉을 꺼리는 사람들일 수 있다. 하지만 이들 중 몇몇은 가족이 애타게 찾고 있는 실종자일 수도 있기 때문에 이들에 대한 체계적 관리는 매우 중요하다. 더 나아가 아무리 비루한 위치에서 삶을 마친, 돌보아 줄 연고자조차 없는 사람들일지라도 이들의 죽음을 관리하고 연고자를 찾는 노력을 기울이는 것은 국가가 국민에 대해 행해야 할 최소한의 책임이 아닐까. 각종 시설에 수용되어 있는 행려병자들의 경우는 더 말할 나위가 없을 것이다. 이들의 실태를 정확히 파악하고, 필요하다면 제도를 개선하는 작업이 이루어지길 기대한다.

제2부

빈곤과 풍요

"첫째, 1960년대에 경제개발 5개년계획이
성공할 수 있었던 것은 1950년대에 민간부문의
생산능력이 갖추어져 있었기 때문이다. 둘째, 정부의
수출지향공업화정책은 몇몇 엘리트 경제관료의
머릿속 혹은 외국 학자의 조언에서 나온 것이 아니라,
민간부문의 요청과 성과에 기초한 것이었다."

- 「1950년대: 우리나라 경제성장의 출발점」 중에서

키

한 사회 구성원들의 평균 신장은 그 사회의 소득수준이 상당 부분 결정한다. 인간은 대략 20대 중반까지 키가 자라는데, 이 기간 동안 영양섭취를 제대로 하지 못하거나 지나치게 일을 많이 해서 영양분이 부족해지면 제대로 성장을 못 한다. 신장과 영양섭취 혹은 생활수준 간에 양의 상관관계가 존재한다는 의학적·통계적 사실에 근거하여, 경제사학자들은 인류의 물질적 삶이 장기적으로 어떻게 변화해 왔는지를 분석해 왔다. 경제상황에 대한 자세한 정보를 얻기 어려운 과거의 경우, 그 시대 사람들의 신장은 당시의 생활수준에 대해 여러 가지 정보를 제공하기 때문이다.

지금까지의 연구에 따르면 인류의 신장 변화에는 크게 세 국면이 있던 것으로 알려져 있다. 첫 단계는 원시시대로부터 산업혁명 이전까지의 수천 년에 걸친 기간이다. 고고학자, 인류학자, 경제사학자들이 유골을 이용해서 장기적인 생활수준 변화를 추정하는 대형공동연구가 진행 중인데, 지금까지 밝혀진 바에 따르면 인류의 신장은 원시시대로부터 산업화가 본격화되는 18세기 중엽까지 꾸준히 감소해 온 것으로 보인다. 전근대 사회에서는 매우 느린 속도이긴 하지만 인구가 증가해 왔는데, 인구밀도가 높아짐에 따라 생활환경이 전반적으로 악화되었고, 이것이 신장 감소를 야기한 것으로 추정된다.

두 번째는 산업혁명이 진행되는 시기인데, 이 기간 동안에는 평균 신장이 정체 혹은 감소하였다. 이러한 현상에 대해 가장 많은 연구가 축적된 것은 미국의 경우이다. 군인들의 평균 신장 추이를 조사한 결과에 따르면, 산업화가 본격화되는 1830년경부터 1880년대까지 평균 신장이 약 3cm가량 감소하고, 20세기 초가 되어서야 1800년대 초반 수준을 회복하는 것으로 나타난다. 이런 양상이 나타나는 원인에 대해서는 아직도 연구가 진행 중인데, 1차적으로는 산업화·도시화에 따른 생활환경의 악화가 주범으로 지목된다.

마지막은 산업혁명 이후 시기인데, 산업화를 경험한 나라 국민들의 신장은 급속도로 상승했다. 예를 들어 영국의 경우 산업혁명 직전인 18세기 중엽 성인 남자의 평균 신장은 166cm였는데, 1990년대에 와서는 178cm까지 상승했다. 이러한 변화는 산업혁명이 물질적 생활수준을 얼마나 끌어올렸는지를 극명하게 보여준다.

우리 조상들의 키가 얼마나 되었고 어떻게 변해왔는지에 대해서는 밝혀진 것이 많지 않다. 키에 대한 체계적 정보를 담은 가장 오래된 사료는 임진왜란 직전인 1590년의 병적兵籍이다. 군사를 뽑을 경우에는 신체조건이 중요했기 때문에 키를 비롯한 신체적 특징을 조사하고 기록해 둔 것인데, 이 자료에 따르면 군인의 평균 신장이 약 7.3척이었다. 한 척이 나타내는 길이가 명확하지 않은 점 등 몇 가지 이유로 이 값을 오늘날의 단위로 변환하는 것이 쉬운 일은 아니지만, 당시 군인의 평균 신장은 대략 155.5cm로 추정된다. 이 외에도 조선 중기 후기의 병적자료가 서너 건 더 알려져 있긴 하지만, 이 자료들을 종합해서 장기적 신장변화 추이를 파악하는 작업은 아직까지 이루어지지 않았다.

식민지기의 신장 자료는 그 시대 생활수준을 이해하는 데 매우 중요한 자료이다. 조선시대처럼 자료문제 때문에 생활수준의 장기적 추이를 명확히 파악하는 데까지 연구가 진척되지는 못하고 단편적인 사실만이 확인되는데, 식민지기 말 징병조사자료에 따르면 1938년 20세 남성의 평균 신장은 대략 161.7cm였다. 한 가지 재미있는 것은 식민지기 서대문형무소 수형자 자료로부터의 결과인데, 23~40세 남자 1,500여 명의 평균 신장은 164.1cm였다. 교도소 수형자들의 키가 징병대상자보다 더 크게 나타난 것이 수형자 중 상당수가 부유한 집안 출신의 사상범이었기 때문인지 아니면 다른 요인에 의한 것인지는 좀 더 연구가 진척되어야 확인될 듯하다.

건국 이후에 대한 자료는 상대적으로 풍부하게 남아 있다. 우리나라의 경우도 선진국들처럼 1970년대 이후 산업화의 영향으로 사람들의 평균 신장이 급속히 증가하였다. 산업자원부에 따르면, 20~24세 남성의 신장은 1979년 167.7cm였던 것이, 25년이 지난 2004년에는 173.8cm로, 약 6cm 증가하였다. 앞서 언급한 것처럼 영국인의 경우 평균 신장이 12cm 증가하는 데 200년이 걸린 것과 비교해 보면, 우리 국민들의 키는 경제성장의 속도만큼이나 빠르게 증가하는 셈이다.

이에 비해 북한의 상황은 열악하다. 탈북자들의 신체조건에 대한 최근 조사에 따르면 20~24세 남성의 평균 신장은 164cm로, 같은 나이의 남한 남성보다 거의 10cm가량 작은 것으로 나타났다. 사실상 해방 이전 수준에 머물러 있는 북한 사람들의 신장은 우리나라가 이룩한 경제성장의 성과와 대비되어 더욱 암울하게 느껴진다.

그런데 국민의 평균 신장이 증가함에 따라 사람들 간에 키의 편차도 커지고, 이것은 키로 인한 불평등과 차별을 심화하였다. 키가 작은 사람들이 일상생활에서 겪는 불편이 늘고 있으며, 심지어는 키 때문에 사회생활에서 부당한 대우를 받는 경우도 적지 않은 듯하다. 신문·잡지 등에 빈번히 등장하는 키 관련 클리닉이나 키를 자라게 하는 수술 등에 대한 광고는 키 작은 사람들에 대한 사회경제적 압박이 얼마나 심각한지를 반영하는 사례이다.

키에 따른 차별은 큰 키가 힘의 우위 혹은 육체적 우월성을 반영한다는 원초적 인식에서 비롯되었을 것이다. 소득수준과 신장

간에 존재하는 양의 상관관계에 따르면 이러한 인식에는 일말의 진실이 담겨 있다. 하지만 외모와 관련된 차별이 내포한 공통적 문제점은, 외모라는 단편적인 정보가 한 인간의 무궁무진한 잠재능력을 판단하는 근거로는 너무도 미약하고 왜곡 가능성이 크다는 사실이다. 그런 의미에서 키와 관련된 사회적 편견과 차별을 몰아내는 것은 소수자에 대한 배려 차원을 넘어 사회적 자원의 효율적 배분을 가로막는 장벽을 제거한다는 점에서 반드시 이루어져야 한다.

영국의 주간지《이코노미스트》는 1996년 신년호에 "하이티즘 Heightism"이라는 특집기사를 통해, 키 때문에 발생하는 온갖 종류의 차별을 열거하고 이것을 철폐하자는 운동을 선언하였다. 우리나라에서도 많은 사람들이 이러한 노력에 동참하기를 기대한다.

소중한 성취, 소득 3만 달러

1950년대 한국은 세계에서 가장 가난한 나라였다. 하지만 1954~
1960년 기간 동안 한국경제는 연평균 5.3%의 증가를 이루어왔
다. 이것은 결코 낮은 수준이 아니다. 미국으로부터의 원조가 이러
한 성장에 크게 기여하였다. 하지만 많은 개발도상국들과는 달리
한국은 원조를 받는 것에 그치지 않고 잘 활용하였다. 예를 들어
1950년대에 미국으로부터 받은 기계로 면방직 생산을 늘린 결과,
1950년대 말에는 국내 소비를 모두 충족하고도 남는 만큼을 만들
수 있었다. 생산능력 확보는 1960년대 수출 주도 경제성장의 토
대가 되었다.

불행히도 동시대 언론 보도나 이후의 연구들은 이 시기를 대부
분 부정적으로 평가한다. 원조가 소비재 중심으로 제공되었기 때
문에 경제성장에 큰 도움을 주지 못했다거나, 소비재 지원이 물가

를 낮추고 경제 안정화를 가져온 부분은 도외시한 채 농촌을 피폐화하고 산업구조를 왜곡했다고 지적한다. 소득 수준이 낮아서 생기는 많은 문제들에만 초점을 맞춘 나머지, 경제성장으로 인해 상황이 개선되고 있음은 주목하지 않았다.

1980년을 전후로 한 시기는 한국경제사에서 매우 중요한 이정표이다. 1964년 1억 달러이던 수출은 6년 후인 1970년에 10억 달러, 다시 7년 후인 1977년에 100억 달러에 도달하였다. 급속한 수출 증대로 1965~1979년 기간 동안 연평균 10%라는 획기적인 성장을 달성했다. 1950년대에 세계에서 가장 가난한 나라였던 한국은 20여 년 후인 1980년경에 1인당 소득이 세계 평균에 도달한다.

안타깝게도 이 시기 한국경제에 대한 당대의 글들이나 이후의 평가 역시 인색하기는 마찬가지이다. 중화학 공업 과잉 투자, 지나치게 높은 대외의존도, 과도한 외채 등으로 인해 한국경제가 심각한 위기에 빠져 있다는 진단이 주류였다. 하지만 동시대 많은 개발도상국들에 비해 한국은 외채 규모가 비교적 적었다. 중화학 공업투자가 많은 문제를 야기한 것은 사실이지만, 자동차, 조선, 석유 등 오늘날 한국을 대표하는 산업들이 이 시기에 성과를 거두기 시작하였다. 불행히도 긍정적 측면을 강조하는 평가는 어용으로 매도되고 무시되는 경우가 많았다.

2018년 우리나라는 1인당 GDP 3만 달러를 달성하였다. 2000년대 초 2만 달러에 도달한 이후 3만 달러까지 오는 길은 녹록지 않았다. 2008년 발생한 글로벌 금융위기로 인해 전 세계 국가들이 최근까지 경기 침체를 겪는 와중에도 한국경제는 3~4% 수준의 경제성장을 꾸준히 유지하였다. 이것은 OECD 국가들 가운데 가장 뛰어난 성과였다.

하지만 3만 달러 달성 소식을 전하는 언론들의 논조는 어두웠다. '3만 달러 달성'이라는 사실을 간단히 언급한 뒤, 소득불평등 확대, 세계적인 무역전쟁과 수출 감소 등 어두운 현실을 열거하는 데 대부분의 지면을 할애했다. 낮은 경제성장률이 3만 달러 달성이라는 성취를 압도했다.

우리 경제가 이룩한 성과에 대해 자만할 필요는 없다. 하지만 수십 년 만에 최빈국에서 선진국 반열까지 오른 성취를 "그게 뭐 대단하냐, 산적한 문제가 이렇게 많은데" 하는 식으로 취급하는 것도 바람직하지 않다. 문제점을 과도하게 부각시키고 과제에만 집착하는 것은 여느 정권들이 반복해 온 조급증과 과잉 대응의 원천이다. 임기 내에 한국경제를 위기에서 구하겠다고 특단의 조치를 남발하니, 오히려 경제구조가 왜곡되고 경제성장이 저해되기까지 한다.

폄하와 객관적 평가는 다르다. 한국경제의 발전을 위해 필요한 것은 후자이지, "모조리 잘못되었으니 뿌리부터 다 뜯어고쳐야 한다"라는 식의 일갈이 아니다. 우리에게 정말 필요한 것은 무엇이 모자라는지 이야기하기 전에 우리가 지금 무엇을 가지고 있는지를 정확히 파악하는 것이다. 앞으로도 소득 3만 달러 달성이라는 소중한 성취에 대해서는 의미를 되새기는 성찰이 있기를 바란다.

잊힌 원조

저개발국에 대한 원조는 수원국受援國의 경제발전에 기여하는가?
경제학계에서 이 질문만큼이나 오랜 기간 동안 격렬한 논쟁이 지
속된 질문은 찾아보기 어렵다. 한편에서는 원조가 저개발국의 경
제성장을 가져올 것이라는 믿음하에 지난 50년 동안 천문학적인
규모의 원조가 저개발국에 제공되었다. 반면 원조가 경제성장을
가져오지 못함은 물론 오히려 저개발국 경제를 더욱 망치고 있다
는 비판도 꾸준하게 때로는 격렬한 형태로 이루어졌다.

　우리나라는 어떨까? 대한민국은 제2차 세계대전 이후 독립국
이 된 뒤 선진국들과 국제기구로부터 많은 원조를 받던 최빈국 중
하나였다. 하지만 다른 나라들과는 달리 지난 50년 동안 성공적인
경제발전을 이룩함은 물론 공여국으로 탈바꿈한 매우 드문 사례
이다. 과연 우리나라에 공여된 원조는 우리나라의 경제성장에 도

움을 주었을까? 만일 그렇다면 어떤 경로를 통해 얼마만큼 기여를 했을까? 이 문제를 체계적으로 분석하는 것은 우리의 역사를 올바로 이해한다는 차원을 넘어 세계경제 발전에도 중요한 시사점을 제공할 수 있다.

개발도상국 일반에서와 마찬가지로 우리나라가 받은 원조에 대한 평가 역시 그동안 극단적인 양상을 보여왔다. 한편에서는 원조가 우리나라의 경제발전을 가능하게 했다는 긍정적 평가를 주장한다. 반면 최근 들어서는 많이 줄어들었지만 1950년대로부터 1990년대 초까지는 적지 않은 학자들이 원조가 우리나라의 경제성장을 도운 것이 아니라 경제구조를 왜곡시키고 경제성장을 저해한다고 비판하였다. 1990년대에 들어서면서 우리 경제가 중진국 수준을 넘어서서 선진국으로 나아간다는 사실이 원조에 대한 비판적 입장의 기반을 크게 허물어뜨렸고, 이 논쟁은 사실상 소멸의 길을 걸었다. 하지만 그렇다고 해서 원조가 우리나라 경제성장에 큰 기여를 했다는 주장이 입증된 것은 아니다. 나아가 원조가 구체적으로 어떤 경로를 통해 경제발전에 작용했는가라는 질문으로 들어가면, 우리가 기존 연구로부터 얻을 수 있는 답은 극히 제한되어 있다.

우리나라가 받은 원조에 대한 연구를 수행하는 데 가장 먼저 이루어져야 할 작업은 우리가 받은 원조 규모를 파악하는 것이다. 오늘날 전 세계적으로 원조를 논할 때 사용하는 개념은 경제협력개발기구OECD의 개발협력위원회DAC가 정의한 공적개발원조

Official Development Aid: ODA이다. ODA는 무상원조Grant와 양허성 차관Concessional Loan, 즉 이자율이 매우 낮아 증여의 성격이 강한 차관의 합으로 정의된다. 특히 의미가 있는 것은 양허성 차관 중 상환한 액수를 뺀 순ODANet ODA이며, 이것이 ODA 규모를 다룰 때 통상적으로 사용되는 개념이다.

1945년부터 1999년까지 한국이 원조를 받던 기간 동안, 외국 으로부터 받은 공적개발원조ODA의 총액은 얼마인가? 매우 단순 해 보이는 질문임에도 여기에 대해 체계적인 답을 제시한 문헌은 놀랄 만큼 찾기 어렵다. 이것은 기본적으로 두 가지 이유 때문이 다. 첫째, OECD/DAC는 OECD 회원국들이 본격적으로 ODA를 제공하기 시작한 1960년부터 관련 통계를 집계, 제공하고 있다. 그런데 한국이 거액의 원조를 받았던 시대는 그에 앞선 1950년대 였다. 따라서 학자들이나 정책 입안자들이 손쉽게 확보할 수 있는 통계 속에 한국이 받은 원조는 누락되어 있다.

둘째, 이러한 공백은 당연히 국내 연구자들이 메웠어야 했다. 물론 1960년대부터 국내 학계에서는 우리가 받은 원조에 대해 다 양한 연구가 이루어져 왔다. 하지만 이 연구들은 거의 대부분 오늘 날 국제적으로 통용되는 ODA라는 개념에 근거하지 않고 원조, 외 자, 차관 등과 같은 통상적 범주를 다루었다. 그 결과 현재 우리나 라 정부의 공식 자료들에서조차도 우리나라가 받은 ODA 총액이 얼마인지에 대해 국제기준에 부합하며 신뢰할 만한 수치를 체계 적으로 제공하지 못하는 상황이 초래되었다.

세계 각국이 보편적으로 활용하는 개념에 기초하지 않고 우리만의 기준으로 우리가 받은 원조를 논하는 것은 그동안 적지 않은 문제와 혼란을 초래하였다. 이 가운데서도 학술적으로는 물론 실무적으로 볼 때도 가장 큰 문제는, 마치 한국전쟁을 '잊힌 전쟁 forgotten war'으로 부르듯, 한국이 받은 ODA를 세계 원조의 역사에서 '잊힌 원조forgotten aid'가 되도록 만들었다는 점이다. 우리나라의 원조 관련 경험이 보편적 지식으로 승화되고 확산되기 위해서는 보편적 기준과 개념들에 근거해서 논의되어야 했을 텐데 그러지 못했기 때문이다.

필자와 LG경제연구원 류상윤 박사는 우리나라가 받은 원조를 다양한 자료를 통해 검증하고 파악한 뒤, 외국과 비교하면서 의미를 평가했다.[*] 그 결과 1945년부터 1999년까지 우리나라가 받은 순ODA 총액total net ODA은 연도별 경상액 기준으로 77억 달러, 2010년 불변액 기준으로는 456억 달러임을 확인했다. 이 원조 가운데 대부분은 1980년 이전에 이루어졌는데, 1945년부터 1960년경까지는 주로 증여의 형태로, 그 이후부터 1980년경까지는 양허성 공공차관의 형태로 제공되었다(그림 2-1).

1960년대 이후 전 세계 개발도상국들이 받은 원조 규모와 비교해 볼 때, 우리나라가 받은 ODA의 총액은 20위 정도 수준이다

---

[*] 김두얼·류상윤, 「한국에 제공된 공적개발원조: 규모 추정 및 국제비교」, 《경제학연구》 제62권 3호(2014), 147~187쪽; 김두얼, 『한국경제사의 재해석』(해남, 2017), 제5장.

그림 2-1_ 우리나라가 받은 공적개발원조(순ODA, 1945~1999년)

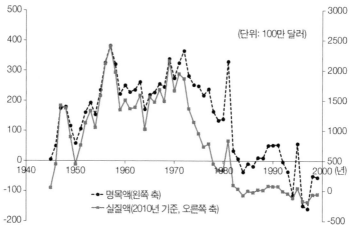

자료: 김두얼, 『한국경제사의 재해석』(해남, 2017), 183쪽, 그림 5-6.

(표 2-1 참조). 원조의 역사를 돌이켜 볼 때 공여국들은 원조 가능한 자원 중 적지 않은 양을 우리나라에 할애해 준 셈이다. 그러나 인구 1인당 ODA 수령액이나 GDP 대비 ODA 수령액은 전 세계 ODA 수령국 중 중간 정도 수준인 것으로 파악되었다. 우리나라가 받은 원조가 실질적인 의미에서 다른 나라들보다 높은 수준이었다고 보기는 어렵다.

　이러한 결과는 우리나라가 받은 ODA가 경제성장에 어떤 기여를 했는가라는 질문에 대해 몇 가지 중요한 시사점을 제공한다. 첫째, '큰 밀어주기Big Push'에 근거한 가설, 즉 우리나라가 다른 나라들보다 경제발전에 성공적이었던 이유가 원조를 상대적으로 더 많이 받았기 때문이라는 추론은 사실과 부합하지 않는다. 둘째, 만

표 2-1_ ODA 총액 국제비교

(단위: 2010년 기준 실질액)

항목	수원국				한국		비고
	평균	중위수	최고값	최저값	액수	순위	
순ODA 총액 (100만 달러)	16,811 (16,775)	6,730	196,534	26	45,554 (39,058)	18 (23)	181개국
	20,159 (20,110)	9,321				18 (22)	134개국[2]
순ODA 5년 평균의 최대값(100만 달러)	867.3	339.9	11,949	3.0	1,881.7	23	180개국[1]
1인당 순ODA 5년 평균(달러/인)의 최 댓값	165.9	94.9	1,315.7	3.3	83.0	74	134개국[2]
GDP 대비 순ODA 5년 평균(%)의 최 댓값	10.5%	4.7%	201.6%	0.0%	7.0%	49	134개국[2]

주: ( ) 안은 한국전쟁을 고려하여 1953년 이후만 합산했을 때의 값임.
1) 181개국 가운데, 5년 연속 ODA를 받은 적이 없는 코소보를 제외함.
2) ODA 수원국 181개국 가운데 PWT와 연결되는 나라들의 수를 의미함.
자료: 김두얼, 『한국경제사의 재해석』(해남, 2017), 188쪽, 그림 5-4.

일 원조가 우리나라의 장기적 경제발전에 기여했다면, 이것은 우리나라가 원조를 활용함에서 다른 나라들보다 더 효과적이었거나 아니면 경제안정화처럼 다른 경로를 통해 작동했음을 시사한다. 이 가능성들을 탐색하고 답을 제시하는 것은 우리나라의 원조에 대한 이해를 심화시킴은 물론, 전 세계 경제발전과 관련해서도 중요한 시사점을 제공한다고 할 수 있다. 후속연구가 이루어져야 할 과제이다.

1950년대
우리나라 경제성장의 출발점

해방 이후 한국의 경제성장에 대한 전통적인 설명은 1960년대 초를 기점으로 삼는다. 박정희 정부는 1960년대 초에 수출지향적 경제개발정책을 추진했는데, 이것이 침체된 민간부문을 일깨우고 이끌어 고도성장의 길로 접어들었다는 것이다. 이러한 '전통적' 설명은 역동적으로 발전한 1960년대에 대비해서 1950년대를 정체기로 규정하고, 정부의 선도적 역할을 강조하기 위해 민간부문을 수동적이라고 폄하한다. 하지만 실제 역사는 이러한 전통적 설명의 이분법적 묘사와는 매우 다르며 심지어 상반되기까지 하다. 1960년대 고도성장을 이끌었던 면방직공업의 역사는 이 점을 극명하게 보여준다.

우리나라에서 근대적인 면방직산업은 식민지기부터 발전하기 시작하였다. 식민지기에 성장한 근대적 산업들이 북한 지역에 상대적으로 많이 위치했던 반면 면방직공업은 남한 지역에도 많이 분포했기 때문에 해방 이후 남북이 분단되었음에도 지속될 수 있는 여건이 어느 정도는 갖추어져 있었다. 하지만 해방으로 인한 일본인 기술자들의 귀국, 생산중단과 전쟁 등으로 인한 설비 노후화 및 파괴로 인해 1953년 시점에서는 전쟁 이전과 비교하면 생산능력이 현저하게 떨어져 있었다.

면방직산업의 생산설비 현황을 보여주는 그림 2-2는 이러한 상황을 극명하게 보여준다. 방적 부문의 경우 정방기精結機는 1949년 30만 추 수준이던 것이 1951년에는 8만 추 수준으로 4분의 1 수준으로 하락했으며, 방직 부문에서도 직기가 9,000대에서 1,800대로 5분의 1 수준으로 감소하였다. 정방기는 1954년이 되면 전쟁 전 수준으로 회복을 하지만 직기는 1957년에 가서야 전쟁 전 수준에 도달한다.

원조는 전쟁으로부터의 복구 그리고 이후의 성장을 가능하게 한 핵심요인이었다. 먼저 원조는 생산 설비의 신속한 복구에 크게 기여하였다. 아울러 미국은 면제품 생산에 필요한 원면을 무상으로 공급함으로써 생산을 촉진하였다. 여기에 더해서 정부는 외국산 면제품 수입을 제한함으로써, 국내생산자들을 보호하였다.

이러한 여건에 힘입어 면방직산업은 종전 직후의 상태로부터 빠르게 회복하였고 생산을 증대해 나아갔다(그림 2-3). 1954년에는 이미 전쟁 전 수준을 회복했으며, 1958년에는 전쟁 전 수준의 2배

그림 2-2_ 면방직산업 생산설비(1947~1966년)

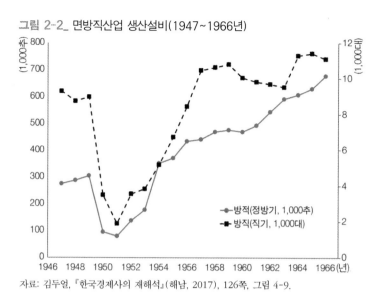

자료: 김두얼, 『한국경제사의 재해석』(해남, 2017), 126쪽, 그림 4-9.

그림 2-3_ 면방직산업 생산(1947~1966년)

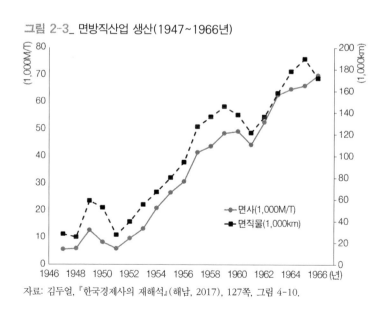

자료: 김두얼, 『한국경제사의 재해석』(해남, 2017), 127쪽, 그림 4-10.

를 넘는 제품을 생산하였다. 이러한 빠른 생산증가로 인해 1955년에 접어들면 이미 '과잉생산' 조짐이 나타나기 시작하였다.

면방직 생산자들은 이 문제를 다양한 방식으로 해결하고자 했다. 첫째는 생산설비 증가를 제한하고 생산을 줄이고자 했다. 1961년 3월에는 방직협회 전체회의에서 "불황으로 허덕이는 면 방업계의 침체를 타개"하고자 앞으로 30%의 조업단축을 단행할 것을 결의하기도 하였다. 그림 2-3에 따르면 1959년부터 1961년까지 생산이 감소하는데, 이는 기본적으로는 이 시기에 생산업체들이 담합을 통해 생산을 줄인 결과였다.

아울러 해외 진출을 도모하였다. 면방직 생산자들은 수출을 늘리기 위해 다각도로 노력을 기울였으며, 1957년 10월에는 "해외수출이 현저하게 이루어지고 있음"을 보고하고 있다. 하지만 수출은 여러 가지로 어려움을 겪었다. 가장 문제가 된 것은 미국이 수출에 동의하지 않았다는 사실이다. 미국은 원조를 통해 공급된 원면으로 생산한 제품을 수출하는 것을 매우 제한된 수준으로만 허용하였다. 그 결과 수출은 원활하게 이루어질 수 없었다. 수출이 본격화된 것은 1960년에 접어들어 미국이 수출에 동의를 하면서부터였다. 이후 면방직 제품의 수출은 큰 폭으로 늘어나게 되었다.

1950년대와 1960년대 면방직산업의 생산과 수출의 변천과 관련해서 주목해야 할 사실은 생산 대비 수출 비중이다(그림 2-4). 1964년의 경우, 면방직 제품 전체 생산량의 50%를 수출했다. 이는 국내수요가 대략 10만 km 수준에서 충족이 될 수 있었음을 의

그림 2-4_ 면방직산업 수출 및 생산 대비 수출 비중(1947~1966년)

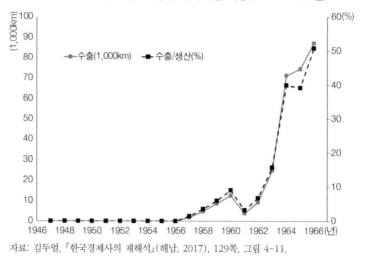

자료: 김두얼, 『한국경제사의 재해석』(해남, 2017), 129쪽, 그림 4-11.

미한다. 그런데 앞서 그림 2-3에 따르면 이미 1956년에 생산 면에서는 10만 km를 넘어서기 시작하였다. 수출 능력은 이미 1950년대 후반부터 갖추고 있었으나, 이것을 실현하지 못하고 있었던 것이다.

이상의 개괄이 보여주는 1950년대 면방직산업은 지금까지 한국 제조업에 대해 전통설이 그려온 모습과는 매우 다르다. 1950년대에 제조업 분야의 생산능력은 전반적으로 빠르게 증진되고 있었으며 이미 1950년대 말이 되면 면방직산업을 포함한 주요 경공업 부문들은 수출할 수 있는 능력을 갖추었거나 혹은 이러한 수준에 거의 근접하고 있었다. 기업들은 해외시장 진출을 위한 의지를 갖추고, 이를 위해 다양한 노력을 경주하고 있었다. 이러한 사실은 1950년대 우리나라의 제조업 기업들이 수출할 능력이나 의지가 부족했다는 전통설에서의 설명이 사실과 부합하지 않음을 의미한다. 아울러 1960년대 초 수출품목을 생산하던 다른 산업들도 기본적으로는 1950년대 말경에는 수출을 할 수 있는 생산능력을 갖추고 있었다는 점에서 위의 양상은 면방직산업에 국한되지 않는다.

아울러 면방직산업의 경우 국내시장에 대한 수요를 충족한 뒤 이 과정에서 축적한 생산능력을 발판으로 수출로 나아갔다는 사실에 주목할 필요가 있다. 이러한 과정을 전통설은 흔히 '수입대체공업화의 한계 또는 실패'로 인해 해외로 전환한 것이라고 규정해 왔다. 그러나 면방직공업의 사례는 이러한 평가가 타당하지 않음을 보여준다. 1950년대 동안 우리나라 제조업은 내수시장을 기초로 성장하면서 수출을 할 수 있는 생산 능력을 갖추었고, 여기에 기반해서 이미 1950년대부터 수출을 위해 많은 노력을 기울였으며, 대내외적 조건이 갖추어진 1960년대에 와서는 성공적인 수출 확대를 이룩했다. 그런 의미에서 수입대체와 수출지향은 서로 배치되는 정책이 아니라 기업 차원에서 생산능력 증진에 따라 수입대체로부터 수출지향으로 나아가는 일종의 발전 단계에 가까웠다.

휴전 직후 우리나라 제조업의 상황을 고려했을 때, 5~6년밖에 안 되는 짧은 기간에 이처럼 생산능력을 급속히 갖출 수 있었던 이유는 무엇이었을까를 분석하는 것은 중요한 연구 과제이다. 하지만 면방직공업의 사례는 두 가지 중요한 시사점을 제공한다. 첫째, 1960년대에 경제개발 5개년계획이 성공할 수 있었던 것은 1950년대에 민간부문의 생산능력이 갖추어져 있었기 때문이다. 둘째, 정부의 수출지향공업화정책은 몇몇 엘리트 경제관료의 머릿속 혹은 외국 학자의 조언에서 나온 것이 아니라, 민간부문의 요청과 성과에 기초한 것이었다. 오늘날 우리나라의 경제성장 전략을 구상하는 정책당국자들이 잊지 말아야 할 교훈이다.*

* 이 글은 김두얼, 『한국경제사의 재해석』(해남, 2017) 제4장 일부를 수정, 보완한 것이다.

수출진흥확대회의

수출은 1960년대 초부터 1990년대 중반까지 한국경제의 고도성
장을 추동한 주요 원동력이었다. 이 기간 동안 정부는 수출제일주
의 정책, 즉 수출증진을 경제정책의 최우선 목표로 설정하고 여기
에 맞추어 경제발전을 구상하고 실현해 갔다.

수출진흥확대회의(이하 확대회의)는 이러한 정책을 이끌었던 정
부기구였다. 1962년 처음 시작된 이 회의는 오랜 기간 동안 수출
정책을 총괄하는 기능을 수행한 것으로 알려져 있었다. 이러한 중
요성이 있음에도 '확대회의'에 대해서는 그동안 단편적인 모습만
알려져 있을 뿐, 이 회의에 누가 참석하고 어떤 내용을 이야기했는
지와 같은 구체적 사실이 충분히 파악되지 못하였다. 종합적이고
도 심도 있는 연구가 이루어지지 못했음은 말할 것도 없다.

이러한 상황은 최근 들어 큰 전기를 맞이하였다. 2000년대 후

반에 서울대학교의 이영훈 교수와 최상오 박사 등은 국가기록원에 소장되어 있던 '확대회의'를 녹음한 녹음테이프를 발굴하고, 이것을 분석하는 작업을 수행했다. 하지만 녹음테이프의 양이 방대한 데다가 녹음상태로 되어 있는 자료를 분석하는 것은 여러 가지 어려움이 있어서, 전체 자료를 다루는 포괄적인 작업은 수행하지 못했다. 이후 이영훈 교수는 KDI의 지원을 받아 여러 경제사 전공자들과 함께 녹음테이프의 내용을 읽을 수 있는 형태로 풀어낸 『녹취록』을 발간하는 대형 작업을 수행했다.[*] 1년여에 걸친 청취와 검독을 통해서 완성된 3권 2,000여 쪽 분량의 『녹취록』은 일반인들이 확대회의의 내용을 손쉽게 접할 수 있도록 하는 한편, 확대회의를 심도 있게 연구할 수 있는 기초를 제공했다.

이 자료를 이용하여 필자는 확대회의가 어떤 종류의 회의였는지를 분석하는 작업을 수행했다.[**] 연구를 통해 파악할 수 있었던 가장 중요한 사실은 1962년부터 1979년 기간 동안 '확대회의'가 크게 세 개의 국면을 보이면서 진화를 해왔다는 점이다. 먼저 첫 번째 단계로 1962년에 확대회의의 전신인 수출진흥위원회가 조직되었다. 이 회의는 국무총리를 중심으로 해서 수출과 관련된 부처의 장관들, 그리고 소수의 비정부 기관장들이 참가하는 20여 명 규모의 회의였다. 이 위원회는 기본적으로 수출정책을 주관했던

---

[*]　이영훈 외 정리, 『수출진흥확대회의 녹취록』, 전3권(KDI, 2013).
[**]　김두얼, 『한국경제사의 재해석』(해남, 2017), 제6장.

상공부가 수출 관련 정책 추진과 관련해서 여러 부처 간 협의와 조율이 필요한 문제들을 다루기 위해 활용하고자 노력했던 것으로 보인다. 단 이 시기에는 수출정책을 총괄하는 최고기구라기보다는 부처 간 협의체에 가까웠다.

확대회의의 모습과 기능이 크게 바뀌게 된 전기는 1965년 이후 대통령이 정기적으로 참석하고 회의를 총괄하게 되면서부터이다. 이후 약 3~4년 동안 확대회의는 규모도 크게 확대되고 내용 면으로나 위상 측면에서도 성장해서, 대략 1968년을 전후로 한 시점이 되면 수출정책을 총괄하는 최고정책기구로 자리를 잡는다. 이후 수출 100억 달러를 달성하는 1977년경까지 확대회의는 이러한 모습을 유지한다.

확대회의의 전성기라고 할 수 있는 이 10여 년 동안의 기간에 수행한 기능을 한마디로 요약한다면 '수출입 실적과 관련 정책의 보고 및 점검'이었다. 연중 거의 빠짐없이 매달 말에 대통령 주재 하에 진행된 이 회의는 보통 2시간가량 진행되었는데, 회의 시간 중 80%는 상공부와 외무부 담당자가 수출 관련 실적을 보고하고 향후 수출 증진을 위해 마련된 정책과 진행상황을 보고했다(그림 2-5).

이 점은 확대회의의 실체가 지금까지 알려졌던 것과는 매우 달랐음을 보여준다. 지금까지 확대회의를 언급하는 여러 문헌은 확대회의가 민간과 정부가 수출과 관련해서 대통령 앞에서 '난상토론'을 벌이는 장이었고, 이를 통해 수출과 관련된 많은 장애가 제

그림 2-5_ 수출진흥확대회의의 개최 횟수(1962~1986년)

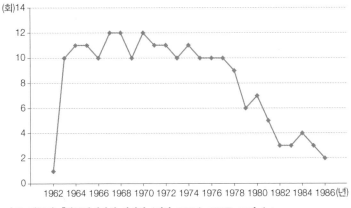

자료: 김두얼, 『한국경제사의 재해석』(해남, 2017), 225쪽, 그림 6-1.

거둠으로써 수출증진이 이루어질 수 있었다고 주장했다. 하지만
실제 회의에서 건의와 토론을 한 것은 2시간 회의 중 10~15분뿐
이었으며, 심지어는 민간 측 발언이 전혀 없었던 회의가 거의 절반
에 육박했다는 사실이다. 그리고 건의가 있었을 때 여기에 대해 정
부당국자가 응답을 하거나 추후 검토를 하겠다는 언급을 하는 경
우가 대부분이고, 난상토론처럼 전개된 경우는 매우 드물었다.

물론 이것은 정부와 민간의 교류가 없었음을 의미하는 것은 아
니다. 실제 교류는 확대회의의 준비 과정에서 이루어졌다. 상공부
상역국을 중심으로 한 담당 공무원들은 이 회의를 준비하기 위해
관련 부처는 물론 많은 민간 인사를 만나 현황을 파악하고 수출
증진을 위해 필요한 조치가 무엇인지를 조사했다. 이처럼 목표설
정, 이것을 달성하기 위한 유인체계의 확보, 실적치를 통한 성과

평가, 그리고 여기에 기반해서 유인체계의 조정을 수행하는 노력이 항시적으로 그리고 실질적으로 이루어짐으로써 수출증진에 기여를 할 수 있었던 것으로 보인다.

확대회의는 1977년을 정점으로 해서 변신을 위한 모색을 시작한다. 수출 100억 달러를 달성한 이 시기를 전후로 해서 그 이전에 추진해 온 '수출제일주의' 정책은 이제 지속 가능하지 않은 상황이 되었기 때문이다. 수출이 가져온 국민의 소득증대와 이에 따른 경제사회적 요구들, 수출지상주의가 가져온 여러 가지 부작용을 고려하지 않고서는 국민의 동의와 지지 속에 수출을 증진하는 것이 더는 가능하지 않았다. 『녹취록』의 내용은 이러한 어려움과 고민의 편린을 보여주는데, 불행하게도 1979년 박정희 대통령의 서거와 이듬해 발생한 정치적 격변 속에서 새로운 단계로 진화하기보다는 쇠퇴하고, 1980년대 중반에 와서는 사실상 중단이 된다. 결국 1977년 이후 확대회의는 새로운 진화가 아니라 쇠퇴의 길로 들어선다.

확대회의의 성쇠를 반추하는 것은 오늘날 우리나라 경제와 경제정책을 이해하고 발전시키는 데 많은 시사점을 제공해 준다. 아마도 가장 명확한 점은 정부 정책의 우선순위가 명확히 제시되고 통치권자가 이것을 자신의 언행을 통해 국민과 정책 집행자들에게 정확히 납득시킬 때, 체계적인 관료기구가 얼마나 큰 힘을 발휘할 수 있는지를 보여준 모범사례라는 점일 것이다.

불행하게도 우리 경제가 점점 더 성장할수록 통치자와 정책당국자들의 환경은 이로부터 점점 멀어져 간다. 아마도 오늘날 우리에게 절실하게 필요한 것은 정부가 관료기구의 가능성과 한계를 명확히 인식하고 여기에 근거해서 정책을 입안하고 추진하는 것일 것이다. 확대회의는 이것을 실현하는 데 우리가 밑거름으로 삼을 수 있는 소중한 유산이다.

철도를 통해 본 북한경제 침체의 원인

자원과 정보의 원활한 흐름은 효율적 생산을 가능하게 하여 경제성장을 촉진한다. 나아가 자원과 정보가 더 넓은 영역에서 보다 많은 경제 주체 사이에 손쉽게 이동할수록 이를 활용하는 새로운 기술이 개발되고, 경제가 더 높은 수준으로 발전할 수 있다. 이러한 이유 때문에 교통·통신·인터넷 같은 사회기반시설infrastructure은 근대경제성장의 기초로 여겨져 왔으며, 세계 각국은 사회기반시설을 구축하고 고도화함으로써 경제성장을 뒷받침하고 있다.

　이런 맥락에서 볼 때 북한의 사회기반시설, 그 가운데서도 교통기반시설을 살펴보는 것은 해방 이후 북한경제가 어떻게 성장해 왔는지 그리고 북한경제가 왜 장기 침체에 빠져들었는지를 이해하는 중요한 열쇠가 될 수 있다. 북한은 도로가 아닌 철도를 기본적인 중장거리 교통방식으로 채택하고 발전시켜 왔다. 따라서

그림 2-6_ 철도 총연장: 남한과 북한(1900~2015년)

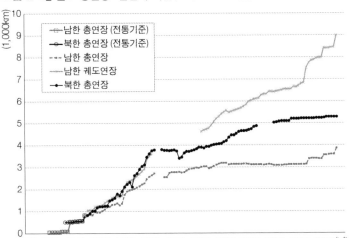

자료: 김두얼, 「북한의 철도 건설, 1900~2015: 산업화와 장기 경제 침체에 대한 함의」, 《경제사학》 제41권 3호(2017), 334쪽, 그림 4.

표 2-2_ 남북한 철도의 증가(1900~2015년)

(단위: km)

	남한		북한
	총연장	궤도연장	총연장
1900~2015	3,873	9,001	5,304
1900~1945	2,725	3,614	3,797
1945~2015	1,148	5,386	1,507
1945~1990	367	2,820	1,248
1990~2015	782	2,566	259

자료: 김두얼, 「북한의 철도 건설, 1900~2015: 산업화와 장기 경제 침체에 대한 함의」, 《경제사학》 제41권 3호(2017), 345쪽, 표 1.

철도 건설 추이를 분석하는 것은 북한의 교통기반시설을 이해하는 핵심 영역이라고 할 수 있다.

2015년 말 현재 북한의 철도 총연장은 5,304km이다(그림 2-6 및 표 2-1). 1900년부터 2015년까지 100여 년의 기간을 살펴볼 때, 철도 건설 추세는 해방을 전후로 확연히 달라진다. 1900~1945년 기간 동안 총 3,797km가 건설되었는 데 비해, 1945년부터 2015년까지 70년 동안은 1,507km가 건설되었다. 아울러 해방 이전에는 비교적 일정한 규모가 지속적으로 건설된 데 비해, 해방 이후에는 1980년대 후반을 전후로 건설 추세가 달라진다. 편의상 1990년을 기준으로 보면, 1945~1990년 기간 동안 철도 총연장은 1,248km 정도 증가한 반면 1990~2015년 동안에는 259km 정도 늘어났다.

이상의 결과는 흥미로운 문제를 제기한다. 1990년 이후 침체를 고려할 때 철도 건설이 낮은 수준으로 이루어진 것은 그다지 놀라운 내용이 아닐 수 있다. 하지만 1945~1990년 기간 동안 진행된 철도 건설 규모가 1900~1945년 동안 철도 건설 규모의 32.3%에 지나지 않는다는 것은 다소 의외의 현상이다. 1945~1990년은 북한 정부가 중공업 중심의 경제발전전략에 기초해서 여러 차례의 경제개발계획을 의욕적으로 추진하던 시기였기 때문이다.

1945~1990년 기간 동안 북한의 철도 건설 부진은 같은 기간 남한과의 비교를 통해서도 잘 드러난다. 남한의 경우, 해방 이후 철도 총연장은 거의 증가하지 않았다. 하지만 같은 기간 동안 복선화가 활발하게 이루어짐으로써, 궤도 연장은 1945년보다 2배가

량 늘어났다(북한 철도는 복선화가 거의 이루어지지 않았다). 더욱이 북한은 철도를 1차 교통방식으로 채택했기 때문에 도로 건설은 철도건설 이상으로 이루어지지 않았던 데 비해, 남한에서는 철도보다 더 빠른 속도로 도로가 건설되었다.

북한은 왜 철도 건설에 소극적이었을까? 해방 이전에 철도가 이미 충분히 건설되었기 때문에 필요성이 적었을 수 있다. 하지만 1945~1990년 기간 동안 남한에서 도로와 철도가 왕성하게 건설되었다는 사실은 이러한 추론이 타당하지 않음을 보여준다. 북한 당국이 철도를 건설하고자 했지만 재원이 부족했을 가능성도 있다. 그러나 이 역시 1950~1960년대에 북한이 소련 및 중국으로부터 막대한 원조를 받았다는 점을 고려한다면 가능성은 높지 않다. 철도 외의 다른 교통망을 발전시켰을 가능성은 앞서 언급한 바대로 사실과 부합하지 않는다.

이상의 가능성을 기각할 경우, 북한이 철도를 건설하지 않은 것은 철도를 건설할 의지가 없었기 때문이라는 결론으로 귀착된다. 여러 가지 정황도 이러한 가능성을 뒷받침한다. 북한 당국은 북한경제의 기본 발전방안으로 일찍이 자립경제 노선을 추구하였다. 자립경제 노선은 여러 가지 차원으로 구성되었는데, 이상의 논의와 관련해서 가장 중요한 것은 각 군郡이 완결된 경제단위가 되도록 하는 것이었다. 북한 당국은 한국전쟁이 진행 중이던 1952년에 행정구역을 군郡 중심으로 개편하였다. 그 결과 북한은 평양 등 일부 특수지역을 제외할 경우, 약 10~20만 명 정도의 인구를 보유한 168개 군으로 구성된 국가가 되었다.

북한 정부는 각 군이 도시와 농촌 혹은 공업과 농업을 동시에 보유함으로써, 각 군이 필요로 하는 식량과 원료를 최대한 자체적으로 확보하고 필요한 소비재 등을 스스로 생산, 조달하는 정책을 추진하였다. 이를 위해 농업집산화와 함께 1958년 한 해 동안 전국에 1,000여 개에 가까운 지방공장을 건설하였다. 중공업 관련 제품이나 일부 주요 소비재는 주요 공업단지에서 생산하여 전국에 공급을 했지만, 인민들의 일반적인 소비에 필요한 식량이나 경공업제품 상당 부분은 각 지역에서 스스로 생산하여 자체 조달하는 체제를 구축하였다.

군 단위 자립경제체제는 북한 각 지역의 독자적 생존력을 높이고 대외의존도가 낮은 '자립경제'를 구축하는 데 기여했을 것이다. 하지만 대규모 공장 건설 대신 각 군마다 자급자족하는 소규모 공장들을 건설하는 정책은 생산성 차원에서는 부정적 효과가 훨씬 컸다. '중앙집권'이라고 하는 것이 단순히 생산을 중앙에서 통제한다는 의미하는 것이 아니라, 전국적 단위에서 규모의 경제를 추구하는 생산설비를 갖추는 측면이 있음을 고려한다면, '중앙집권적' 생산은 효율성을 증진시키는 방식일 것이기 때문이다. 그런 의미에서 군 단위 자립경제 노선은 경제의 효율성을 증진시키기 위한 노력이 아니라 정치적 목적을 달성하고자 경제발전을 희생하는 선택이었던 셈이다.

이처럼 북한 정부의 소극적인 철도망 건설은 1차적으로는 대내외적인 자립경제 노선이 가져온 결과이다. 하지만 정치적 측면을 고려해서 본다면 둘 간의 인과 관계는 반대로 해석해 볼 여지도 있다. 북한 당국은 주민들을 정치적으로 통제하기 위해 지리적 이동을 최소화하고자 하였다. 교통망을 건설하지 않는 것은 이러한 목표를 달성하기 위한 수단 중 하나라고 할 수 있다. 이처럼 지역 간 교통망이 잘 갖추어지지 않은 상황에서 각 지역이 필요로 하는 물품을 얻을 수 있는 방법은 각 지역 스스로가 생산을 하는 것밖에 없었다. 결국 자립경제 구축과 주민통제라는 목적을 위해 북한 당국은 경제발전에 필수적인 사회기반시설을 포기한 셈이다.

이상의 분석 결과는 오늘날 북한경제의 장기 침체와 관련해서도 중요한 시사점을 제공한다. 기존 연구들은 북한경제가 장기 침체로 접어들게 된 원인을 유인체제 왜곡이나 정보 부족 같은 사회주의 경제에 내재한 일반적인 문제로부터 찾았다. 하지만 본 연구는 이러한 요인들이 중요했음을 인정하면서도, 동시에 이러한 일반적 요인보다 더 근본적인 원인을 제시한다. 북한 정부는 애당초 근대경제성장을 추구하지 않았다는 것이다. 이런 상황에서는 아무리 경제 주체의 유인 문제나 정보 문제 등을 해소한다 하더라도 경제가 장기적인 성장의 길로 접어들 가능성은 높지 않다. 북한경제의 과거를 이해하는 점에서뿐 아니라 미래를 설계하는 데에서도 염두에 두어야 할 중요한 사실이다.[*]

---

[*] 이 글은 김두얼, 「북한의 철도 건설, 1900~2015: 산업화와 장기 경제 침체에 대한 함의」, 《경제사학》 제41권 3호(2017), 335~369쪽에 기초하였다.

방글라데시, 세계화 그리고 북한

방글라데시는 1971년 독립국가를 세웠다. 신생독립국의 상황은
열악하였다. 국민 대부분이 가난한 농민인 이 나라의 1인당 GDP
는 400달러(2018년 가격)에 지나지 않았다. 절대 빈곤선이라고 할
수 있는 하루 1.9달러에도 못 미치는 소득으로 전체 인구 중 40%
가량이 생계를 이어갔다.

1990년대에 들어서면서 상황이 바뀌기 시작하였다. 값싼 노
동력을 활용하는 의류 및 신발 관련 제품의 해외주문생산이 늘어
났다. 관련 해외직접투자는 산업화를 촉진하였다. 독립 당시만 해
도 5%에 지나지 않던 제조업 비중은 2018년에 와서는 20%에 근
접하였다. 수출은 1985년 10억 달러 수준이던 것이 2006년에는
100억 달러, 현재는 400억 달러를 넘어섰다.

수출 증가와 산업화를 통해 경제 상황은 빠르게 개선되었다.

1990~2018년 기간 동안 실질액 기준으로 1인당 GDP는 연평균 5.6% 증가했다. 경상액 기준으로 1인당 GDP는 2000년 초에 500달러, 2013년에 1,000달러를 넘어서고, 2018년에는 1,700달러에 달했다. 일일 소득 1.9달러 이하 인구의 비중은 여전히 18% 수준이지만, 현재 방글라데시의 경제 상황은 UN이 정하는 최빈국 지위를 졸업할 수 있는 수준에 도달했다.

방글라데시와 같은 성공은 결코 예외가 아니다. 1980년대 말부터 개발도상국들은 급속한 경제성장을 이룩하기 시작했다. 베트남이나 캄보디아처럼 우리에게 친숙한 동남아시아 국가들뿐 아니라 인도나 방글라데시, 나아가 아프리카의 많은 나라들은 지난 20~30년 동안 높은 경제성장을 해왔다. 2000~2018년 기간 동안 OECD 국가들의 연평균 성장률이 1.7%인 데 비해, 중국을 제외한 비OECD 국가들의 성장률은 4.1%에 달한다. 2008년 글로벌 금융위기 이후 세계경제의 성장을 주도하는 것은 선진국들이라기보다는 개발도상국들이다.

중요한 점은 개발도상국들의 성장이 세계화와 밀접한 관련 속에서 진행된 성과라는 사실이다. 많은 개발도상국이 20세기 말부터 시작된 세계화의 흐름에 적극적으로 참여하였다. 과거와 같은 수입대체적인 경제개발전략을 버리고 적극적으로 수출과 연계한 산업화를 통해 경제발전을 추구하였다.

이러한 전환에서 대한민국은 중요한 모범으로 여겨졌다. 1960~1970년대에 우리나라는 동시대의 개발도상국들과는 달리 적극적으로 수출을 통해 경제성장을 추진하였고, 그 결과 오늘날 1인당 GDP 3만 달러 국가가 되었다. 방글라데시나 캄보디아 등 최근 개발도상국들의 모습을 보면, 한국의 경제성장은 기적이 아니라 교과서적인 과정을 밟아왔다고 보는 것이 적절하다. 어떤 나라든 이러한 전략을 채택하면 적어도 초기 빈곤 단계를 벗어나는 것은 가능하다는 의미에서 그렇다.

안타까운 것은 북한이다. 많은 개발도상국이 개방을 통해 경제발전을 도모하고 눈부신 성과를 거두었던 지난 30여 년 동안 북한은 세계적 흐름과 역행하는 정책을 지속해 왔다. 경제발전을 정부 정책의 최우선 순위에 두고 세계화의 흐름을 활용하기보다는 주변국들이나 국제사회와는 단절하는 길을 고수하였다.

이러한 정책의 결과는 참담하다. 2018년 현재 북한의 1인당 GDP는 1,300달러로 추정되는데, 이는 방글라데시의 1,700달러에 훨씬 못 미친다. 슬픈 점은 앞으로 격차가 점점 벌어져 갈 가능성이 높다는 사실이다. 개방을 통한 경제성장 추구가 북한경제의 문제를 해결하는 방안임을 모두가 알고 있고, 우리나라를 포함한 많은 개발도상국가의 사례가 이러한 해결책의 타당성을 뒷받침하고 있음에도, 심지어 우리나라를 포함해서 수많은 주변 국가들이 지원 의사를 밝히고 있음에도, 북한 정부가 이것을 외면하고 있다는 사실이 안타깝다.

제3부

재난과 경기 침체

"엄청난 질병에 노출되는 불운을 겪게 되면,
평생에 걸쳐 그 영향으로부터 벗어나기 어렵다."

- 「재난의 경제학」 중에서

재난의 경제학

인간은 살면서 다양한 형태의 재난을 겪는다. 소규모 교통사고나 화재처럼 몇몇 개인이 겪는 불행도 있지만 지진, 화산폭발, 태풍, 전염병, 전쟁 등은 사회 전체에 충격을 준다. 대형 재난은 재산 피해를 가져올 뿐 아니라 신체에 손상을 가하기도 하며, 심지어는 목숨을 앗아간다.

인간은 예로부터 다양한 방식으로 이러한 대규모 재난에 대비해 왔다. 개인 차원에서는 저축을 통해 기근에 대비했다. 외적의 침입이라는 재난으로부터 생명과 재산을 지키기 위해 국가라는 제도를 만들었다. 서구 사회에서는 화재나 배의 난파 등에 대비해서 다양한 보험이 발달했다. 우리나라도 상평창이나 의창 같은 구휼제도를 만들어 재난으로 인한 식량 부족에 대응했다.

경제학자들은 재난의 예방 및 대응뿐 아니라 재난이 경제에 미치는 장·단기적 영향에 대해서도 많은 관심을 기울여 왔다. 재난으로 인한 파괴로부터 회복이 가능한가, 가능하다면 얼마만큼 그리고 얼마나 빨리 이루어지는가, 가능하지 않다면 어떤 이유 때문인가 등을 연구하였다. 최근 학계에서 진행되어 온 일련의 연구들은 이 문제와 관련해서 흥미로운 양상을 보여준다.

먼저 전쟁으로 인한 파괴를 사례로 하여 물적 자산의 회복 문제를 살펴보도록 하자. 전쟁은 인류 역사에 걸쳐 늘 존재했던 재난이었다. 그런데 20세기에 들어 전쟁에는 폭격을 통한 대규모 파괴라는 새로운 양상이 더해진다.

폭격 가운데서도 가장 악명 높은 것은 베트남전에서의 폭격이다. 베트남전 당시 미군이 쏟아부은 폭탄은 한국전쟁 당시의 폭격보다 2~3배가량 많았고, 20세기 전쟁을 통틀어 가장 많은 양이었다.

UC 버클리의 에드워드 미겔Edward Miguel과 제라르 롤랑Gerard Roland은 폭격으로 인한 파괴의 중장기적 영향을 분석하였다. 미군 자료를 이용하여 전쟁 기간 중 지역별 폭격량을 파악한 뒤, 40년이 지난 2000년대에 각 지역의 경제상황을 비교하였다. 결과는 놀랍게도 폭격량은 각 지역의 장기 발전에 별다른 차이를 가져오지 않았다는 것이었다. 여러 가지 지표를 검토해 본 결과, 2000년대 각 지역의 경제발전 정도는 베트남전 당시의 폭격량과는 무관하였다.

이러한 결과는 흥미롭게도 2000년대에 들어 이루어진 폭격에 대한 일련의 연구에서 일관되게 나타나는 현상이다. 컬럼비아대학교의 도널드 데이비스Donald Davis와 데이비드 와인스타인David Weinstein은 2차대전 당시 히로시마와 나가사키에 대한 원폭이 지역 경제의 장기발전에 미친 영향을 분석하였다. 폭격 연구의 시조라고 할 수 있는 이 연구는 폭격이 이루어진 도시가 일정 시간이 흐르면 원상태로 돌아온다는 결과를 처음으로 제시하였다. 아울러 2차대전 당시 독일에 대해 이루어진 연합군의 폭격에 대한 연구도 마찬가지였다.

폭격에 대한 연구, 나아가 제1·2차 세계대전 등 근대사회의 전쟁에 대한 연구들에 따르면 대개 4~5년 정도면 전쟁으로부터 복구가 이루어진다는 사실을 알 수 있다. 한국전쟁도 예외가 아니다. 여러 가지 지표들을 살펴보면 남한과 북한 모두 1958년경에는 전쟁 전의 경제수준으로 회복한다.

그런데 재난이 인간의 신체나 정신에 가한 충격은 사뭇 다르다. 1918년 스페인 독감의 사례를 살펴보도록 하자. 제1차 세계대전이 막바지로 접어들던 1918년에 스페인 독감이라 부르는 전염병이 창궐하였다. 역사적으로 가장 악명이 높았던 이 독감은 전 세계적으로 수천만 명의 목숨을 앗아간 것으로 알려져 있다.

독감과 같은 전염병은 일시적인 고통만을 안겨줄 수도 있지만, 평생에 걸쳐 후유증이 지속될 수도 있다. 컬럼비아대학교의 더글라스 아몬드Douglas Almond는 이 문제를 알아보기 위해 1918년 독감 유행 당시 미국에서 태아 상태였던 사람들, 즉 1919년 상반기

그림 3-1_ 미국의 출생 연도별 교육 연한(1912~1922년)

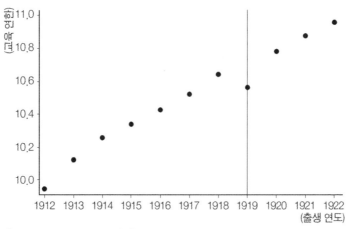

자료: Douglas Almond(2006), "Is the 1918 Influenza Pandemic Over? Long-Term
Effects of "In Utero" Influenza Exposure in the Post-1940 U.S. Population",
Journal of Political Economy 114(4), p.691, Figure 3.

출생자들의 삶을 분석하였다.

아몬드는 소득, 학업성취, 건강 등 여러 가지 지표를 분석했는
데, 모든 영역에서 1918년에 태어났던 사람들은 인근의 다른 연
도 출생자들보다 상황이 좋지 않았다. 그림 3-1이 보여주는 바와
같이, 장기적으로 미국인의 교육 연한이 증가하는 추세임에도
1919년생은 추세에서 벗어나 낮은 수준으로 나타난다. 엄청난 질
병에 노출되는 불운을 겪게 되면, 평생에 걸쳐 그 영향으로부터 벗
어나기 어렵다.

기근도 질병과 유사하다. 2차대전 당시 네덜란드에서 발생한
기근Dutch famine이 사람들의 삶에 미친 영향에 대한 연구는 매우

유명하다. 우리나라의 경우, 서울대학교의 이철희 교수는 한국전쟁의 영향을 분석하였다. 전쟁이 발발하고 가장 전투가 격렬하게 이루어지던 1950년에 태아 상태였던 사람들의 장기적인 건강 상태는 다른 출생연도의 사람들보다 뒤처지는 것으로 나타났다.

이러한 문제는 비단 태아에만 국한되지 않는다. 전쟁 등으로 인한 정신적 충격 혹은 전쟁 중 식량부족이나 부상 등으로 인한 건강 손실은 평생토록 그 사람의 인생에 영향을 미친다. 예를 들어 미국 남북전쟁 이후 퇴역군인의 삶을 분석한 이철희 교수의 연구는 전쟁으로 인해 신체적·정신적 상해를 받은 사람들이 그렇지 않은 사람들과 비교해 볼 때 소득이나 건강 상태가 평생에 걸쳐 나쁜 수준에 머문다는 것을 보여준다.

재난으로 인한 충격의 장기적 영향에 대한 이상의 연구들은 충격으로부터의 회복이 인적 자본과 물적 자본에서 매우 다르다는 것을 보여준다. 현대사회가 되면서 기술이 발달하고, 자본과 인력의 지역 간 이동이 쉬워지면서 물적 파괴의 회복은 상대적으로 손쉽게 이루어지는 경향이 있다. 하지만 의료기술은 인간의 신체나 정신에 남겨진 상처를 완전하게 치료할 만큼 발전하지 못했기 때문에, 그 영향은 오랫동안 지속되는 듯하다. 이러한 결과들은 외생적 충격이 왔을 때 이것에 대응하는 것도 중요하지만, 최선을 다해서 예방을 하는 것이 왜 중요한지를 보여준다는 점에서 정책적 함의도 크다.

노예무역이 21세기 아프리카에 남긴 유산

애덤 스미스Adam Smith는 『국부론』에서 분업이 생산성 향상의 주요 원천임을 주장하였다. 분업에 참여한 경제주체들은 생산물을 서로 주고받음으로써 가치를 실현하는데, 이 과정에서 당사자 간 신뢰는 매우 중요하다. 만일 상대방이 돈만 받고 제대로 된 물건을 주지 않을 가능성이 높다면 사람들은 분업이나 교환을 하지 않을 것이고, 분업의 이익은 창출되지 않을 것이기 때문이다.

경제학자들은 위와 같은 추론에 근거해서 경제주체 간의 신뢰가 시장의 발전, 궁극적으로는 경제성장을 결정하는 매우 중요한 요인이라고 인식해 왔다. 하지만 직관적으로는 명확한 이 명제를 실증적으로 입증하기란 의외로 쉽지 않다.

어려움은 크게 두 가지에서 비롯된다. 먼저 한 사회의 신뢰 수준이 어느 정도인지 측정하기가 쉽지 않다. 다행히도 지난 20여 년 동안 사회적 신뢰의 수준을 측정하는 노력이 지속되었고, 최근에 와서는 학자들이 널리 받아들이는 좋은 지표들이 개발되었다. 경제학은 물론이고 정치학·사회학 등 사회과학 분야에서 이러한 지표들은 연구에 널리 활용되고 있다. 사회적 신뢰 지수와 경제성장률 간의 상관관계를 측정한 많은 연구들은 둘 간에 양의 상관관계가 뚜렷하게 나타난다는 결과를 제시하였다. 이것은 사회적 신뢰가 경제성장과 밀접한 관계가 있음을 보여준다.

하지만 상관관계가 인과관계를 입증하는 것은 아니다. 이것이 두 번째 문제이다. 사회의 신뢰 수준이 높아서 경제성장률이 높을 수도 있지만, 반대로 경제상황이 좋기 때문에 경제주체 간에 신뢰관계가 더 높아진 것일 수 있다. 잘사는 나라일수록 국가가 좋은 법을 갖출 가능성이 높고 법을 준수하도록 하는 능력도 나을 것이다. 그 결과 사회구성원들이 약속을 지킬 가능성이 크고 신뢰도가 높을 수 있다. 이처럼 경제주체 간의 신뢰도가 높아서 경제가 성장한 것이 아니라, 반대로 경제성장이 잘된 결과로 사회적 신뢰가 높아졌을 가능성을 배제할 수 없다.

상관관계가 인과관계를 입증하지 못하는 문제는 과학 일반에 존재하는 근본 문제이다. 이론이란 원인과 결과라는 두 사실을 잇는 논리이다. 불행하게도 이론이 제시하는 인과관계 자체는 관측이 불가능하다. 우리가 관찰하고 측정할 수 있는 것은 상관관계뿐이다. 자연과학자들은 실험을 잘 고안함으로써 이러한 문제를 해결한다. 하지만 사회과학에서는 실험을 하기가 쉽지 않다. 과연 우리는 어떻게 해야 신뢰가 경제성장을 가져온다는 인과관계를 입증할 수 있을까?

이 문제를 해결하는 한 가지 방안은 현재의 신뢰수준이 현재의 경제상황에 의해 결정된 것이 아니라는 것을 보여주는 것이다. 즉 지금의 신뢰수준이 그 사회의 오랜 특성에서 비롯된 것임을 혹은 역사적으로 형성된 것임을 입증하는 것이다. 그럴 경우 지금의 신뢰 수준과 지금의 경제성장 간에 나타나는 상관관계는 신뢰가 경제성장을 결정한 것이지 그 반대가 아니라고 이야기할 수 있다.

한 사회의 신뢰수준이 동시대의 경제상황이 아니라 과거로부터 형성된 것임을 어떻게 보여줄 수 있을까? 하버드대학교의 네이선 넌Nathan Nunn의 2008년 논문, 그리고 넌이 뉴욕대학교의 레너드 완치콘Leonard Wantchekon과 작성한 2011년 논문은 이와 관련해서 매우 창의적인 해법을 제시했다. 그들의 분석을 일반인이 이해하기 쉽도록 다소 과감하게 단순화하고 재구성하여 소개해 보기로 한다.

그들의 분석은 크게 두 단계로 구성되어 있다. 첫째는 현재 아프리카 국가들의 사회적 신뢰 수준이 역사적 요인에 의해 결정된 것임을 보이는 것이다. 이와 관련해서 그들은 노예무역에 주목하였다. 아프리카에서는 15세기부터 약 400년 동안 노예무역이 성행하였다. 노예무역이 이루어지는 지역은 노예를 얻기 위한 전쟁 등으로 인해 사회가 혼란스럽고 부족 간 갈등이 심했기 때문에 사회구성원 간의 신뢰수준이 매우 낮았다.

넌과 완치콘은 각 지역별로 노예무역이 성행한 정도와 현재의 신뢰수준을 측정한 뒤, 둘 간의 상관관계를 측정했다. 그 결과 둘 간에는 뚜렷한 상관관계가 존재함을 확인했다. 즉 아프리카의 어떤 지역이 다른 지역보다 노예무역이 많았다면, 오늘날 해당 지역의 사회적 신뢰는 다른 지역보다 낮다는 것이다.

두 번째 단계로 현재의 신뢰수준과 경제성장률의 관계를 추정했다. 제1단계 분석의 결과에 따르면 신뢰수준은 역사적으로 결정된 것이지 현재의 사회경제 상황에서 비롯된 것이 아니다. 따라서 현재의 신뢰수준과 현재의 경제성장률 간의 관계는 전자가 후자를 결정하는 인과관계로 해석할 수 있다. 그들의 추정 결과는 신뢰수준이 높은 지역일수록 경제성장률이 높음을 시사하였다. 결국 400년간 지속된 노예무역으로 인해 사회적 불신이 높아진 지역일수록 오늘날 경제성장이 미흡하다는 점을 보인 것이다.

어떤 제도나 문화가 현재의 경제상황이 아니라 역사적 산물임을 보인 뒤 이러한 제도가 현재의 경제성장을 설명한다는 점을 보이는 방식의 접근은, 2000년대에 들어 경제학의 중요한 방법론으로 자리 잡고 있다. 이러한 방법을 창안하고 확산한 대표적인 연구가 MIT의 대런 아세모글루Daron Acemoglu와 사이먼 존슨Simon Johnson, 그리고 시카고대학교의 제임스 로빈슨James Robinson의 2001년 논문이다.[*]

---

[*] 이 저자들 중 아세모글루와 로빈슨이 쓴 『국가는 왜 실패하는가Why Nations Fail』(시공사, 2012)에는 이 논문의 내용이 상세히 소개되어 있다.

지난 20년을 돌이켜 볼 때 경제학계에서 가장 많이 인용이 되는 논문 중 하나인 이 연구에서 저자들은 식민지를 경험한 국가들의 성장률이 식민 모국이 어느 나라였는가에 따라 현격한 차이가 있음에 주목하였다. 그런데 식민 모국이 식민지에 이식한 제도는 단순히 식민 모국의 것을 그대로 이식한 것이 아니다. 식민정책은 식민지의 자연적·문화적 특성에 의해 영향을 받았다. 나아가 어떤 나라가 어느 지역을 식민화했는가는 우연히 결정된 것이 아니라 식민지의 자연조건에 영향을 받는다. 즉 식민 모국은 식민지의 자연조건 등을 보고 식민화할지를 "선택한다".

이런 점을 고려한다면 단순히 식민 모국별로 경제성장률을 비교해서는 안 되고, 각 지역의 특성을 통제한 뒤, 식민 정책을 통해 이식된 제도가 경제성장에 미친 영향을 분리해서 추정해야 한다. 아세모글루 등은 넌과 완치콘의 연구에서처럼 현재의 경제성장과는 독립적인 요인을 이용해서 1단계 분석을 한 뒤, 식민정책을 통해 이식된 제도가 경제성장에 장기적 영향을 미쳤음을 확인했다.

1990년대 이후 제도와 문화가 경제의 장기적 성장을 결정하는 중요한 요인이라는 측면에 경제학자들이 주목하게 되면서 경제학계에서는 경제사 연구의 상대적 위상이 높아지고 있다. 제도와 문화는 그야말로 역사적 산물이기 때문이다. 아세모글루 등의 연구나 넌과 완치콘의 연구들은 역사를 경제연구에 활용한 대표적인 사례로 받아들여지며, 이러한 방법을 활용하거나 발전시킨 시도가 확산되고 있다.

하지만 이러한 조류에 대해서는 비판도 적지 않다. 경제현상을 설명하기 위해 역사적 자료를 활용하는 것에 대해서는 별다른 이론이 없다. 하지만 이러한 연구가 제대로 된 경제사 연구인가 혹은 경제사 연구가 나아가야 할 방향인가에 대해서는 동의하지 않는 학자들이 적지 않다.

넌과 완치콘 식의 접근이 맞았는가 틀렸는가, 이러한 방법을 전적으로 받아들일 것인가 아니면 폐기할 것인가, 혹은 이들의 연구가 진정한 경제사인가 아닌가와 같은 이분법적인 구도를 설정하고 논쟁을 이해하거나 전개하는 것은 생산적이지 않다. 이들이 활용한 연구 방식은 경제사에 대한 이해를 심화시킨다기보다는 역사 자료를 경제학적으로 활용한 것에 가깝다는 것이 명약관화하기 때문이다.

하지만 이들의 방법은 아직 초기 단계이기 때문에 앞으로 얼마든지 더 발전할 수 있으며 경제사 연구에도 기여할 가능성이 적지 않다. 중요한 점은 역사적 정보들을 계량화하거나 디지털 형태로 전환해서 축적하는 작업이 점차 확대되고 있다는 것이다. 그 결과 역사 연구에서 과거와는 다른 종류의 자료를 새로운 방법으로 분석하는 연구는 더욱 확대되어 갈 것이다. 이러한 접근은 역사에 대한 전통적 접근과 상호 보완 속에서 새로운 이해를 가능하게 함은 물론, 넌과 완치콘의 연구처럼 현재를 분석하고 이해하는 데에도 새로운 지평을 열어줄 것으로 기대한다.

세계경제 침체와 국제 공조

1930년대 전 세계는 극심한 경기 침체를 겪었다. 왜 이런 일이 일어났는지에 대해서는 다양한 가설이 있다. 하지만 최근 들어 가장 주목받는 견해는 국가 간 공조의 부재를 핵심 원인으로 꼽는 것이다.

찰스 킨들버거Charles Kindleberger는 이러한 설명을 제시한 대표적 학자이다. 흔히 '헤게모니 이론'으로 불리는 그의 이론은 국제 정치경제에서 영국의 몰락과 미국의 부상 사이에 존재하는 힘의 공백에 주목한다. 20세기 초까지 영국은 세계경제에서 가장 강력한 정치·경제적 힘을 보유하고 있었다. 이러한 영국의 헤게모니 하에서 자유무역 질서가 유지되었다. 국가 간 국제수지 불균형이 심각해지면 영국은 마치 세계중앙은행처럼 문제를 조정하였다.

하지만 19세기 말부터 경제력의 우위는 영국으로부터 미국으로 넘어가고 있었다. 제1차 세계대전은 이러한 변화를 급진전시켰으며, 그 결과 전쟁이 끝났을 때 미국은 경제적 측면에서 세계 최강이 되었다.

문제는 헤게모니가 단순히 힘의 우위에 의해 정해지는 것은 아니라는 점이다. 제1차 세계대전으로 인한 세계 경제질서의 붕괴를 수습하는 과정에서 영국은 과거처럼 주도권을 쥐고 질서를 복구하려 했다. 하지만 영국은 그럴 수 있는 정치·경제적 힘이 없었다. 미국은 충분한 경제적 능력을 보유하고 있었다. 하지만 자신이 이러한 역할을 맡아야 한다는 인식이나 담당하려는 의지가 없었다. 그 결과 국제 경제질서를 관리할 주체가 모호해지는 상황이 발생하였다. 이로 인한 혼란들은 마침내 대공황으로 귀결되었다.

1990년대 초 UC 버클리의 배리 아이켄그린Barry Eichengreen 은 킨들버거의 가설을 보완하고 확장한 설명을 제시했다. 19세기 후반 영국이 정치·경제적 주도권을 가지고 있던 것은 사실이다. 하지만 국제 경제질서의 여러 가지 문제를 혼자 관리하는 것은 불가능했다. 이 시기 국제경제의 안정은 영국의 주도적 역할만큼이나 프랑스, 독일, 미국 등 주요 국가들이 서로 긴밀하게 협조한 결과였다.

제1차 세계대전은 이러한 공조 체제를 파괴하였다. 전쟁이 끝난 뒤에도 참전국들은 새로운 평화질서의 구축보다는 전후 배상금 다툼에 골몰하였다. 영국, 프랑스 등에 많은 돈을 빌려주었던 미국은 이 문제를 해결할 수 있는 위치에 있었지만, 적극적인 역할을 수행하지 않았다. 그로 인해 1920년대 세계경제는 안정화가 아닌 혼란의 수렁으로 빠져들었다.

2008년 미국발 금융위기는 세계경제에 1930년대 대공황에 버금가는 충격을 가했다. 다행스럽게도 경기 침체는 대공황 당시만큼 심화되지는 않았다. 여기에는 각국 정부가 경기 침체에 과감하고 적절한 대응을 했다는 점, 그리고 경제회복을 위해 개별적으로 또는 국제기구를 통해 긴밀하게 공조한 노력이 크게 기여했다.

하지만 이후 10여 년의 역사는 성공만큼이나 국제 경제질서의 균열이 심화되어 가는 과정이기도 했다. 가장 두드러지는 것은 미·중 간 충돌이나 일본의 수출 규제 같은 무역 관련 갈등의 고조이다.

이 문제는 해결이 쉽지 않다. 자유무역 질서를 유지하려는 국가 간 공조의 균열은 경제 침체의 원인임과 동시에 결과이기 때문이다. 예를 들어 트럼프 대통령이 당선되고 보호무역주의 정책을 추진하는 가장 큰 이유는 중국 등으로부터 밀려 들어오는 값싼 제품으로 인해 많은 노동자가 일자리를 잃고 산업이 쇠퇴했기 때문이다. 미국 경제가 역동적으로 성장하는 상황이라면, 성장 부문이 침체 부문의 인력을 흡수하거나 정부가 사회보장정책 등을 통해 문제를 관리하고 완화할 수 있다. 하지만 경기 침체는 이러한 능력을 약화시킨다. 보호무역주의는 이러한 불만을 기반으로 득세한다.

경기 침체와 보호무역이 서로 상승작용을 일으키는 악순환을 끊는 방법은 없을까? 이를 위해서는 각국 정부들이 함께 머리를 맞대고 진지하게 방안을 고민하는 노력이 절실하다. 하지만 각국의 국내 정치·경제 상황을 고려할 때, 이러한 움직임이 활발해질 가능성은 높아 보이지 않는다. 세계경제의 앞날이 비관적으로 느껴지는 이유이다.

보호무역

2016년 11월에 미국 대통령 선거에서 북미자유무역협상NAFTA 재협상, 중국·멕시코 등에 대한 고율高率 관세 부과 등을 주장한 도널드 트럼프 공화당 후보가 당선되면서 보호무역주의에 대한 우려가 높아졌다. 미국의 대표적인 고율 관세법이었던 1929년의 스무트-홀리 법안을 시작으로 1930년대 초 각국이 관세 전쟁까지 갔다가 그 반작용으로 보호무역이 힘을 잃게 됐던 과정을 알아보고, 최근 고조되는 보호무역이 세계경제에 어떤 영향을 미칠지 살펴보기로 한다.

제1차 세계대전이 끝난 뒤 1920년대에 미국 경제는 유례없는 호황을 누렸다. 호황의 막바지였던 1929년 여름에 미국 의회에는 관세 인상 법안이 상정된다. 이 법안은 상정한 의원의 이름을 따서 스무트-홀리Smoot-Hawley 법안이라 불렸다. 스무트-홀리 법안은 원래 농산물에 대한 관세를 높이는 것을 주요 내용으로 했다. 1920년대 세계적인 과잉 생산으로 농산물 가격이 하락하자, 관세를 높여 농민을 보호하려 하였다.

그런데 법안 심의 과정에서 새로운 품목들이 엄청나게 추가되었다. 법안 심의를 위해 열린 상·하 양원의 청문회 기록은 2만여 쪽에 달할 정도였다. 결국 스무트-홀리 법은 총 2만 1,000여 개의 상품에 관세를 부과하거나 관세율을 올렸다. 스무트-홀리 관세의 평균 관세율 수준은 60%로, 이것은 미국 역사상 가장 높은 수준이었다.

1920년대 미국은 많은 상품에서 세계적으로 절대적인 경쟁력 우위를 확보하고 있었고 막대한 무역수지 흑자를 누리고 있었다. 그럼에도 이러한 관세 법안이 발의되고 통과된 것은 놀랄 만한 일이었다.

스무트-홀리 관세는 이익집단들의 집요한 로비, 여기에 미국 정치에서 흔히 '통나무 돌리기log-rolling'(이권이 결부된 서로의 법안을 상호 협력해 통과시켜 주는 정치적 담합)라고 부르는 현상이 더해진 결과이다. 법안이 상정되자 농업 외 분야의 생산자들까지 너도나도 자기 제품의 관세를 높이려는 로비를 하였다. 그리고 의원들이 자신의 목적을 달성하기 위해 다른 의원들의 요청을 들어주는 일이 반복된 결과 품목이 늘어나고 관세율이 높아진 것이다.

스무트-홀리 관세는 1929년 10월 미국의 주가 폭락 이전에 준비되었지만, 법이 통과된 시점은 이듬해인 1930년 7월이었다.

미국의 경제 침체로 인해 세계경제가 급속하게 침체의 길로 빠져들던 시점에 발효된 것이다. 그 결과 많은 나라가 자국 시장을 지키기 위해 관세를 높였다. 당시 대표적인 자유무역 국가인 영국조차도 19세기부터 유지해 온 자유무역 기조를 폐기하고 1932년에 모든 상품에 25% 관세를 부과하는 일반관세General Tariff를 도입한다.

이러한 연쇄적인 관세 인상 조치들은 엄청난 결과를 초래했다. 전 세계 무역액은 1929년부터 1933년까지 단 4년 동안 3분의 1로 줄었다. 물론 무역의 감소와 경기 침체 중 무엇이 원인인가라는 문제가 있고, 경기 침체로 인한 물가 하락을 고려할 때 무역량의 감소는 얼마나 되었을까 하는 셈 역시 따져볼 필요가 있다. 하지만 보호무역 정책이 세계 무역 침체를 가져오고 대공황으로부터 경제회복을 지연시켰다는 것은 분명하다.

제2차 세계대전 이후 세계 각국은 대공황과 같은 경제적 재앙을 막으려면 국제 무역이 활발하게 이뤄지게 해야 한다는 인식을 공유한다. 그 결과 미국의 주도하에 '관세와 무역에 관한 일반협정GATT'을 체결하였다. 이후 GATT의 정신을 확대하고 체계화하는 노력은 1990년대에 '세계무역기구WTO'의 탄생을 가져왔다. 이후 현재까지 WTO 체제는 세계 무역 질서의 기초를 제공하고 있다.

하지만 수많은 나라의 이해관계가 복잡하게 얽혀 있는 무역에 관하여 세계 모든 국가에 통용되는 질서를 만드는 것은 쉬운 일이 아니다. 그 때문에 세계 각국은 전 세계 모든 국가에 적용되는 무역 질서와 아울러 양자 간 협상을 통한 무역 확대 노력을 병행했다. 1990년대 초 미국·캐나다·멕시코 간에 체결된 북미자유무역협정NAFTA이 대표적이고, 유사한 자유무역협정FTA이 전 세계적으로 확산되었다. 우리나라도 2004년 칠레와 자유무역협정FTA을 시작으로 2008년 미국과 FTA를 체결하는 등 지난 20여 년 동안 많은 나라와 FTA를 체결했다. 가장 최근에는 중미 6개국과도 FTA를 맺었다.

그런데 1945년 이후 꾸준하게 유지되어 온 자유무역 확대 기조가 크게 위축될 수도 있는 심각한 조짐이 최근 나타났다. 그것은 바로 도널드 트럼프의 미국 대통령 당선이다. 트럼프 대통령은 선거 기간에 미국 산업을 보호하고 일자리를 늘리기 위해 NAFTA를 개정하고 12개국이 참여하는 '환태평양 경제동반자협정TPP'에서 탈퇴하겠다는 공약을 내걸었으며, 당선 뒤 가장 먼저 TPP에서 탈퇴하는 조치를 취했다.

이처럼 미국이 보호무역 조치를 강화하는 일련의 조치를 실행에 옮길 경우 세계경제는 큰 혼란에 빠질 수 있다. 2008년 시작된 금융위기로부터 가까스로 벗어나기 시작한 이 시점에 세계경제가 순조롭게 회복하지 못할 가능성이 높다. 나아가 TPP 탈퇴는 무역뿐 아니라 국제 정치질서 측면에서도 큰 문제를 야기할 수 있다. 원래 TPP는 중국을 정치·경제적으로 견제하는 프레임의 의미를 갖고 있는데 이게 무효화되면 동아시아를 혼란에 빠뜨릴 수 있기 때문이다.

원래 개방 정책을 추진하면 국민경제 전체에 도움이 되고 세계 경제에 도움이 되겠지만, 그 반면에 국내에 피해가 가는 분야가 생길 수밖에 없다. 따라서 자유무역 정책은 국민경제와 세계경제 전체의 이익을 위해 피해 부문을 설득하고 그들의 반대를 극복하는 노력을 통해서만 추진될 수 있다. 만일 적극적 노력을 하지 않고 소극적 태도를 보이는 순간, 반대 세력의 힘 때문에 개방 정책은 후퇴할 수밖에 없다.

대공황의 역사에서도 확인할 수 있는 것처럼 자유무역을 확대하려는 의지가 없으면 스무트-홀리 관세와 같은 조치는 쉽게 생겨날 수 있다. 그리고 국제무역의 쇠퇴는 세계경제의 발전에 큰 위협을 초래한다. 무역이 경제에서 차지하는 비중이 높은 우리나라로서는 이런 변화가 큰 피해를 입을 수 있다. 미국의 정치·경제 정책 움직임을 예의주시하고 선도적으로 대응하는 노력이 절실하게 요구되는 이유이다.

대공황에 대한
고등학교 사회과 교과서 서술의 문제점

대공황The Great Depression은 20세기에 일어난 가장 중요한 사건 중 하나이다. 1930년을 전후로 시작된 급격하고도 장기적인 경기 침체는 당시를 살았던 전 세계 수많은 사람들을 혼란과 굶주림으로 몰고 갔으며, 이를 해결하기 위한 갖은 노력 속에서 배태된 수많은 정책과 제도는 오늘날까지도 우리 삶에 적지 않은 영향을 미치고 있다.

대공황이 가져온 변화에서 가장 뚜렷한 것 중 하나가 국가의 경제개입 확대이다. 전쟁에 버금가는 경제적 비상 상황의 발생에 따라 사람들은 정부의 적극적 노력만이 사태를 해결할 수 있다는 믿음을 갖게 되었으며, 세계 각국의 정부들은 이에 부응한 다양한 정책을 시도하였다. 대공황에 대한 사람들의 집단적 기억은 이후 국가의 경제개입에 대한 국민들의 허용 한도를 대폭 확장하였고, 이에 따라 오랜 기간 동안 정부가 소득분배, 사회복지, 경기안정화 등에 폭넓게 간여하는 것을 당연한 것으로 여기게 되었다.

우리나라 고등학교 사회과 교과서에서는 이러한 측면에 주목해서 대공황을 국가와 경제 간의 관계를 변화시킨 중요한 역사적 계기로 다루고 있는데, 이에 대해서는 별다른 이론의 여지가 없어 보인다. 하지만 사회과 교과서들에 나온 대공황에 대한 주류 해석은 여기에 그치지 않고, 국가의 시장 개입 증가가 바람직하다는 인식을 전제로 대공황에 대한 목적론적 역사관으로 나아간다. 즉 대공황은 시장경제의 본원적 취약성에서 비롯된 필연적 결과이며, 정부의 노력에 의한 대공황으로부터의 회복은 국가의 경제개입이 유효하다는 것 혹은 '혼합경제' 또는 '수정자본주의'가 불가피하다는 점을 입증한다는 것이다.

이처럼 '자유방임주의 → 과잉생산/과소소비 → 대공황 → 정부개입 → 경기회복'이라는 논리구조를 가진 대공황에 대한 목적론적 역사관은 고등학교 사회과 교과서에만 나타나는 특수한 시각이라기보다는 대공황이 발생한 1930년대로부터 상당히 오랫동안 이어지던 전통 해석이다. 대공황을 자본주의 몰락의 시현으로 여겼던 사회주의자들의 생각뿐 아니라, 유효수요의 부족이 자본주의 경제의 본원적 문제라고 보고 국가의 적극적 개입을 통한 경기안정화 정책을 주창한 존 메이너드 케인스John Maynard Keynes의 사상 역시 이런 맥락에서 크게 벗어나지 않는다. 심지어는 오늘날 경제적 보수주의의 시조 중 하나로 여겨지는 조지프 슘페터 Joseph Schumpter마저도 대공황 등을 목도하면서 자본주의가 사회주의로 전환하는 것은 필연적이라고 믿었다.

하지만 이상과 같은 목적론적 해석은 역사적 사실과 부합하지 않는다는 심각한 문제가 있다. 우선 대공황의 원인 측면을 보면, 농산물 과잉생산이나 소득불평등 심화가 1920년대 미국에 과잉생산/과소소비를 야기했다는 증거는 없다. 1920년대에 미국의 총소비는 꾸준히 증가하고 있었으며, GNP 대비 비중도 1920년대 후반의 경우 70%를 넘는 수준에서 상당히 안정적인 양상을 보였다. 1920년대에 소득불평등도가 상승하던 것은 사실이지만, 이것이 공황을 초래할 정도로 저소득층의 소득감소를 가져왔다고 보기는 어렵다. 이처럼 과잉생산/과소소비 이론에 근거한 대공황 해석은 하나의 설명체계가 갖추어야 할 최소한의 기초적 사실과의 정합성조차 충족시키지 못하는 자격미달의 논리이다.

대공황의 회복과 관련해서 뉴딜 정책이 미국 경제를 공황으로부터 회복시킨 원동력이라는 주장 역시 많은 문제를 내포한다. 뉴딜과 경제회복 간의 관계를 보기 위해서는 단순히 시기적 연관성만을 보아서는 안 되고, 개별 정책들이 구체적으로 어떤 경로를 통해 영향을 미쳤는지를 살펴보아야 한다. 우선 테네시강 유역 개발계획과 같은 대규모 공공사업의 경우, 이 사업이 적자 재정을 통해서 정부지출을 늘리는 수단이 되기 때문에 단기적인 거시적 경기회복에 기여한다. 따라서 이 사업의 효과를 평가하기 위해서는 미국 정부가 당시 적자 재정정책을 썼는지를 살펴보아야 한다. 그런데 1930년대 미국의 재정지출을 보면 적자 규모가 증가하고는 있지만 이것은 정부지출이 큰 폭으로 확대되었기 때문이 아니라 소득감소에 따른 소득세 수입이 감소했기 때문이었다. 따라서 1930년대에 적극적인 적자 재정지출을 통한 경기회복 정책이 실시되었다고 보기는 어렵다.

산업부흥법의 경우는 독점금지법을 일시적으로 중단시켜서 기업 간 담합을 허용하였고, 노동 관련 조항들에서는 노동자의 소득을 보장하기 위한 여러 가지 조치가 도입되었다. 산업부흥법은 1935년 법원에서 위헌판결을 받지만, 노동 관련 조항들은 이후 와그너법Wagner Act(혹은 미국노동관계법National Labor Relations Act)으로 계승되었다. 이와 같은 정책이 경기회복에 미친 영향에는 다양한 논의가 있지만, 최근 연구는 기업의 담합과 노동조합의 세력 강화에 따라 산업부흥법이 없었다면 도달할 수 있었을 경제회복 수준의 40%밖에 달성하지 못하게 되었다는 결과를 보여준다.

농업조정법은 농산물 과잉생산을 억제하고 가격을 안정시키는 것을 목적으로 도입되었다. 산업부흥법보다는 상대적으로 우호적인 평가를 받은 측면이 있지만, 이 정책 역시 많은 부작용을 수반하였다. 특히 농산물 생산을 줄이는 과정에서 경작을 포기한 토지에 대해 토지소유주들은 보상을 받았지만 실제 농사를 짓던 소작농들은 농지를 더는 임대받지 못함으로써 임금 노동자가 되거나 농촌에서 축출되어 더 열악한 환경으로 내몰리기도 했기 때문이다.

이상에서 살펴본 바와 같이 고등학교 교과서의 주류 해석은 대공황의 원인과 회복과정에 대한 설명에서 역사 연구 혹은 사회과학연구에서 전형적으로 나타나는 사후적 설명post hoc ergo propter hoc의 오류 혹은 상관관계와 인과관계를 혼동한 오류를 범하고 있다. 즉 대공황을 계기로 국가의 경제개입이 확대된 것은 사실이지만, 그렇다고 해서 자유방임주의 혹은 국가의 부재가 대공황을 야기한 것은 아니었으며, 대공황이 국가개입 증가의 계기였고 미국의 뉴딜New Deal 정책이 이러한 전환을 대표하긴 하지만, 뉴딜의 개별 정책들이 미국 정부가 의도한 것처럼 대공황을 해결하는 데 크게 기여한 것이 아니었기 때문이다. 앞으로 있을 교과과정 개편에서는 이러한 문제들이 개선되기를 기대한다.*

* 이 글은 김두얼, 「대공황에 대한 고등학교 사회과 교과서 서술의 문제점과 개선방안」, 《한국개발연구》 제30권 1호(2008), 171~210쪽을 일부 소개한 것이다.

마이너스 은행 금리

우리가 이용하는 은행은 과거에 존재했던 다양한 형태의 금융거래가 진화한 결과이다. 돈을 보관해 주는 업무도 은행의 기원 중 하나이다. 돈을 집에 보관하는 것은 많은 위험이 따르며, 이것을 지키려면 적지 않은 비용이 든다. 이런 수요에 부응하여 수수료를 받고 돈을 보관해 주는 업자가 생겨났는데, 세월의 흐름 속에서 오늘날과 같은 은행으로 발전한다.

17세기 영국의 금 세공업자goldsmith들이 대표적인 사례이다. 금 세공업자는 귀금속을 이용해서 장신구나 식기 등을 만드는 기술자이다. 이들은 작업의 성격상 많은 귀금속을 보관해야 했기 때문에 금고 같은 보안 장치와 경호인력을 보유하고 있었다. 그런데 돈을 가진 사람들은 자신의 돈을 직접 보관하기보다 수수료를 내고 금 세공업자에게 보관을 위탁하는 것이 싸고 편리했기 때문에 이들을 활용하게 된다. 금 세공업자들은 돈을 맡은 뒤 보관증서를 내주었다. 이 서류를 가져오는 사람에게 적혀 있는 만큼의 금을 내준다는 약속을 적은 증표이다.

금 세공업자의 이러한 파생 업무는 현대 금융업의 두 가지 기본 업무로 발전하였다. 첫째, 금을 맡긴 사람들은 물건을 사고팔 때 금을 찾아와서 사용하기보다는 이 증서를 지불수단으로 사용하였다. 보관한 금을 찾은 뒤 거래처까지 들고 가는 것보다 증서를 사용하는 것이 훨씬 편하고 안전했기 때문이다. 거래의 지불수단으로 사용된 이 보관증은 오늘날 사용되는 은행권의 기원이다. 금이나 은에 기반하여 지폐를 발행하던 '태환지폐'라고 하는 것은 기본적으로 이러한 원리가 발전한 것이다.

둘째, 금 세공업자는 위탁받은 돈을 모두 금고에 넣어둘 필요가 없음을 깨닫게 되었다. 여러 사람들로부터 금을 받아 보관할 경우, 이 사람들이 한 날 한 시에 금을 찾으러 오는 경우는 드물었기 때문이다. 대신 맡아둔 금을 그냥 보관만 하기보다 다른 사람들에게 대가를 받고 빌려줄 경우 추가로 돈을 벌 수 있었다.

금 세공업자들은 보관료를 받는 것보다 위탁받은 돈을 빌려주는 것이 더 높은 수익을 얻을 수 있다는 것을 알게 된다. 그러자 새로운 영업을 시작한다. 즉 대가를 받지 않고 돈을 보관해 주기 시작한 것이다. 그 대신 맡은 돈을 다른 사람에게 빌려줌으로써 이득을 취하였다. 심지어는 돈을 맡기도록 유도하기 위해 돈을 맡기는 사람에게 일정 금액을 지불하기까지 하게 되었다.

귀금속업자가 은행으로 진화하는 과정을 살펴보는 것은 우리가 당연하게 여기는 현상을 보다 심도 있게 이해할 수 있도록 돕는다. 먼저 이상의 사례는 은행에 돈을 맡기면 이자를 받는 것이 이론적으로나 역사적으로 그렇게 당연한 것은 아님을 일깨워준다.

은행이자는 본질적으로는 예금자가 은행에 맡긴 돈을 받지 못할 수 있는 위험을 감수하는 데 대한 대가이다. 은행이 예금자의 돈을 제3자에게 돈을 빌려줌으로써 벌어들이는 이득 덕택에 예금자는 보관료를 내지 않아도 될 뿐 아니라 심지어는 돈을 받기까지 한다. 하지만 내 돈을 은행이 다른 사람에게 빌려주게 되면 내 돈의 안전도는 그만큼 줄어든다. 실제로 은행으로부터 돈을 빌린 사람들이 사업에 실패하거나 해서 돈을 못 갚게 될 경우, 은행은 망하고 예금주들은 맡긴 돈을 모두 잃는 일이 발생하곤 한다.

아울러 최근 많은 논란이 되고 있는 마이너스 은행 금리라는 현상을 보다 정확히 이해할 수 있도록 돕는다. 만일 사람들이 은행으로부터 돈을 빌리려 하지 않으면, 은행은 맡은 돈을 그냥 금고에 쌓아둘 수밖에 없다. 돈을 빌려주지 않는 은행은 사실상 금 세공업자, 즉 돈을 보관해 주는 금고 주인과 동일하며, 예금자들에게 돈을 보관해 주는 데 대한 비용을 요구할 수 있다. 예금주 입장에서 보면 은행에 돈을 맡기면서 돈을 내는 것이니, 마이너스 은행금리인 셈이다.

결국 마이너스 은행금리는 은행으로부터 돈을 빌리려는 사람들이 없기 때문에 발생하는 현상이다. 사람들이 은행에서 돈을 빌리지 않는 것은 수익이 나는 투자가 없기 때문이다. 결국 경제가 침체하면 마이너스 은행 금리가 발생하는 것은 위와 같은 이유 때문이다.

마이너스 은행 금리는 경제를 악화시키는 원인이 아니라 징후이다. 독감에 걸렸을 때 나는 열과 같다. 독감에 걸리면 열이 나는데, 열이 나기 때문에 몸이 아픈 것이 아니라 바이러스 때문에 몸이 아프고 열이 나는 것이다. 마이너스 금리는 바이러스가 아니라 열에 해당한다.

그렇다면 문제의 본질인 경기 침체를 해결하기 위해서는 어떻게 해야 할까? 독감에 걸렸을 때 열이 나는 것이 바이러스를 퇴치하기 위한 몸의 작용 가운데 하나이다. 마이너스 은행금리 자체도 유사한 작용을 한다. 마이너스 은행금리하에서 은행에 돈을 맡기면 보관료를 오히려 지불해야 되기 때문에 사람들은 다른 방식으로 자신의 부를 보유하고자 한다.

한 가지 방법은 보관료를 절약하기 위해 집에 현금을 쌓아놓는 것이다. 또 다른 방법은 그 돈을 사용하는 것이다. 돈은 그 자체가 우리에게 효용을 주는 것은 아니기 때문에, 물건을 사서 쓰거나 아니면 은행 예금보다 나은 곳에 투자를 해서 돈을 불리려 할 것이다. 이렇게 돈을 사용하는 것은 수요를 늘리는 행위이다. 생산자가 물건을 팔 수 있게 되고 수익률이 높아져서 경제가 정상화한다. 궁극적으로 투자에 대한 수요가 증가하게 되어 이자율이 상승하고 마이너스 은행 금리가 사라진다.

우리 몸은 독감으로부터 나을 수 있는 기능을 갖추고 있다. 하지만 의사의 도움을 받아 약을 먹거나 주사를 맞음으로써 이 과정을 좀 더 촉진할 수도 있다. 최근 몇몇 국가의 중앙은행들이 은행에 대해 마이너스 금리를 적용하는 것은 위에서 서술한 것과 같은 경제의 치료 과정을 보다 촉진하기 위한 의사의 처방과 같은 것이라고 볼 수 있다. 따라서 중앙은행의 정책 자체를 백안시할 필요는 전혀 없다.

물론 독감에는 치료제가 없듯이, 중앙은행이 마이너스 금리를 적용한다고 경제가 바로 회복되지는 않는다. 아울러 환자에게 약을 쓸 때는 몸 상태를 잘 보아가면서 적절한 양을 사용하는 것이 무엇보다 중요하다. 독감 치료에만 매몰되어 건강을 해칠 만큼 독한 약을 써서는 안 된다는 뜻이다. 중앙은행의 이자율 정책이 중요하면서도 신중해야 하는 이유이다.

제4부

시장이라는 불가사의

"동문 간 뒤 봐주기에 대한 가장 강력한 통제 수단은 시장 메커니즘이다. 어떤 개인 기업에서 능력 있는 사람 대신 능력이 떨어지는 친한 사람을 선택한다면, 그 기업은 낮은 성과로 인해 시장에서의 경쟁을 통해 응징을 받게 된다. 국가에서도 마찬가지다."

- 「동문 효과」 중에서

이퀼리브리엄

〈이퀼리브리엄Equilibrium〉이라는 SF 영화가 있다. 2002년에 만들어진 영화인데, 흥행에 크게 성공하지는 못한 듯하다. 하지만 케이블 TV에 자주 상영이 되어 여러 차례 볼 기회가 있었다.

처음 이 영화를 본 것은 당연히 제목 때문이었다. 경제학자에게 균형, 즉 이퀼리브리엄이란 단어가 갖는 의미는 정말 각별하다. 좀 심하게 단순화해서 이야기하자면, 이 세상에는 이퀼리브리엄이란 시각에서 세상을 보는 사람과 그렇지 않은 사람이 존재한다. 물론 전자가 경제학자이다. 이퀼리브리엄의 눈으로 세상을 보는 사람이 되는 과정은 종교적 입문의 과정과 다르지 않다. 대학원에서 첫 1학년 동안 종합시험을 통과하기 위해 계속 이퀼리브리엄만을 생각하며, 이 틀에서 사고하기를 반복하고, 어느 순간에는 이 세계에 귀의해야 하기 때문이다. 이런 세뇌 과정을 거쳐 얻게 된 세계관을 대표하는 단어를 제목으로 단 영화를 그냥 지나친다는 것은 상상할 수 없다.

그런데 왜 나는 이 영화를 미국에 있을 때 보지 못하고, 한국에 와서 케이블 TV로 보고 있을까? 구글로 검색을 해보니 흥행에서 실패를 한 영화여서인가 보다. 제작비가 2,000만 달러가 들었다는데, 상영수입은 500만 달러밖에 되지 않았다고 나와 있다. 나조차도 미국에서는 이 영화에 대해 전혀 들어본 적이 없다. 경제학자가 인기가 없는 만큼이나 이 영화도 같은 운명을 겪은 것 같아 씁쓸하다. 한 가지 위안(?)이 되는 것은 이 영화의 주요 관계자들은 이 영화 이후에는 모두 성공가도를 달린 것 같다는 점이다. 주연 배우인 크리스쳔 베일노, 감독인 커트 위머도, 이 영화 이후 사라지지 않고 좋은 후속작들을 내왔다. 사실 영화 자체는 액션도 그렇고, 줄거리도 그렇고 꽤 괜찮은 편에 속한다. 이런 류의 영화들은 많은 경우 매니아 층을 형성하게 되는데, 구글에 있는 감상평 등도 이 영화에 매니아가 많음을 보여준다(심지어는 〈매트릭스〉에 비견하기도 하는데, 솔직히 그 정도는 아니다).

사실 이 영화가 보여주는 이퀼리브리엄의 세계는 경제학자들의 머릿속에 존재하는 이퀼리브리엄과 닮은 점도 있고 그렇지 못한 점도 있다. 닮은 점은 역시 이 영화가 그리는 이퀼리브리엄의 세상이 매우 무미건조하고 재미없다는 사실이다. 미래의 인류는 전쟁이나 범죄를 없애기 위해 이성을 혼란에 빠뜨리는 요소인 감정을 없애고자 온갖 노력을 기울인다. 어릴 적부터 감정을 가지면

안 된다고 교육하고, 감정을 억제하는 약을 먹는다. 만일 이를 따르지 않는다면, 나아가 감정을 느끼기 위해 소설책을 읽거나 반려동물을 키우거나 하면 '감정유발자'로 고발되고 처형된다. 이런 세상을 기획하고 운영하는 데 경제학자들이 깊게 관여했다고 설정했더라도 나는 그럴듯하다고 여겼을 것 같다.

하지만 이 영화의 이퀼리브리엄이 경제학자의 그것과 결정적으로 다르다고 느껴지는 것은 균형의 안정성 여부이다. 경제학자들이 이상적으로 생각하는 균형은 안정적인 균형이다. 즉 외부로부터 어떤 충격이 오더라도, 균형으로 돌아가는 힘이 존재하는 균형이 바람직하며, 현실에서 유지가 가능하다. 하지만 이 영화 속의 균형은 불안정한 균형인 듯하다. 엄청난 폭력과 규제에 의해 감정이라는 교란 요인을 제거하거나 억제하지 않으면 유지될 수 없는 상태이기 때문이다. 이런 류의 균형은 단기적으로는 유지될 수 있을지 모르지만, 비용이 너무 많이 들기 때문에 장기적으로 존속하는 것은 불가능하다. 영화주인공은 바로 이러한 불안정 균형을 유지하는 폭력을 타파함으로써 감정이 있는 세상, 즉 보다 바람직한 세상을 복구한다. 즉 불안정 균형에서 새로운 균형으로의 이동이 이루어지도록 하는 충격으로 작용한다.

이 영화가 내게 던지는 근본적인 질문은 과연 감정이 없는 세상이 얼마나 재미없겠는가라는 측면보다는, 감정이 없는 세상에서는 정말로 사람들이 서로를 보다 잘 이해하게 될까, 그래서 분쟁과 혼란이 사라질 수 있을까라는 점이다. 디스토피아를 다룬 SF

걸작인 〈화씨 451도〉에서는 이성을 말살하기 위해 책을 불태운다. 복잡한 사유 없이 아주 단순하고 직선적인 언어로 교류한다면 사람들은 정말로 서로를 더 잘 이해하고 공감하게 될까. 아마도 이성이냐 감정이냐 보다 더 본질적으로 이해와 공감을 방해하는 것은 욕망, 욕심, 이기심이 아닐까. 그렇다면 이기심을 말살한 세상은 안정적 이퀼리브리엄일까? 오히려 경제학자들은 그 반대로 생각하고 있는 것 아닐까? 이퀼리브리엄에 대한 상념은 수렴하기보다는 계속 발산하기만 한다.

사라지는 것은 아쉬움을 남긴다
5일장의 성쇠

"여름 장이란 애시당초에 글러서 해는 아직 중천에 있건만 장판은 벌써 쓸쓸하고"라는 시적 묘사로 시작되는 이효석의 대표작 「메밀꽃 필 무렵」은 시골 장터를 터전으로 삼고 살아가는 사람들의 삶을 아름답게 형상화한 작품이다. 아마도 물건 사는 것을 "마트에 간다"거나 "슈퍼에 간다"처럼 표현하는 데 더 익숙할 대도시의 청소년들에게 닷새마다 열리는 시골장터의 모습은 책이나 영화에서나 접할 수 있는 다소 낯선 풍경일 것이다. 설혹 5일장이 서는 지역에 사는 청소년의 경우에도 요즘에는 상설시장이 많이 늘어나서 이효석이 묘사하는 여름 장날 오후의 쓸쓸한 정취를 느끼기는 쉽지 않을 수 있다.

　머칠에 한 번씩 정해진 장소에 사람들이 모여 물건을 교환하는 정기시定期市는 오랜 세월 동안 전 세계에서 다양한 형태로 발달해왔다. 가장 원초적인 거래형태인 물물교환의 속성을 고려해 보면 정기시가 발달한 이유는 비교적 쉽게 추론해 볼 수 있다. 즉 정기시와 같은 자리가 없다면, 필요한 물건을 구하기 위해서는 그 물건을 소유한 사람을 찾아 가가호호 방문해서 알아보아야 한다. 하지만 약속된 시간, 정해진 장소에 모든 사람이 만나서 내다 팔 물건들을 서로 내놓고 교환을 하게 되면 이러한 불편을 크게 줄일 수 있다. 물론 인구가 밀집한 지역에서는 아예 물건 매매를 전문으로 하는 상인이 상설 점포를 운영함으로써 정해진 시간에만 교환하는 데 따른 번거로움까지 제거할 수 있겠지만, 사람들이 널리 흩어져 사는 농촌지역에서는 수요가 부족하여 유지가 어려울 수 있기 때문에 정기시가 효과적일 수 있다.

우리나라는 삼국시대 이전부터 여러 가지 형태의 시장이 있었다는 기록이 있지만, 오늘날과 같은 장시가 형성되는 것은 조선 왕조가 들어서면서부터라고 할 수 있다. 『동국문헌비고東國文獻備考』에 따르면 1770년경 전국에 걸쳐 약 1,064개의 장시가 있었으며, 다른 기록 역시 비슷한 결과를 제시하고 있다. 장시가 1,000여 개나 있었다는 것은 장시들이 지리적으로 매우 조밀하게 분포했음을 시사한다. 예를 들어 『동국문헌비고』에는 전라도에 장시가 214개가 있어서, 한 읍에 평균 네 개의 장이 섰다고 기록되어 있다. 이는 농민들이 대개 자기 집에서 가까운 장 두세 군데 중 하나를 선택해서 갈 수 있었음을 의미한다. 또 이들 장은 하나가 1, 6일에 열리면 인근의 다른 장은 2, 7일 혹은 3, 8일에 열리는 식으로 시차를 두었기 때문에, 정기시의 시간적 제약이라는 한계 역시 크게 문제가 되지는 않았음을 보여준다.

이처럼 많은 장이 성황을 이루었기 때문에 이들 장을 돌아다니며 물건을 거래하는 것을 직업으로 삼는 전문 상인이 생겨났다. 「메밀꽃 필 무렵」의 등장 인물인 허생원이나 동이가 바로 그런 사람들이다. 흔히 행상, 장돌뱅이, 혹은 보부상이라 부르던 이와 같은 상인들이 장이 파하면 무거운 짐을 나귀에 싣거나 아니면 직접 지고 밤을 새워 그다음 장터로 몇십 리 길을 걸어가는 것은 보기 드문 모습이 아니었는데, 소설은 바로 이 모습을 낭만적으로 그려내고 있다.

장돌뱅이들은 싸게 팔리는 물건이 있으면 그것을 사서 물건이 귀한 곳에 가 비싸게 팔아 이문을 남겼다. 전통사회에서는 이것을 부정직한 행위로 보는 부정적 견해가 강했지만, 이들이 취한 이득은 대부분 노동의 대가와 위험부담을 안은 데 대한 보상으로 설명이 된다. 예를 들어 무거운 짐을 짊어지고 몇십 리씩 떨어진 여러 장터를 옮겨 다니려면 많은 시간과 노력이 필요하다. 또 이동 중에 맹수나 도적을 만나 몸이 상하고 물건을 잃어버릴 위험도 적지 않았다(우리나라의 전래 설화에 이러한 내용을 소재로한 이야기가 많이 등장한다). 이런 어려움을 이겨내고 장에 도착하더라도 물건을 제값을 받고 팔 수 있다는 보장은 없다. 만일 비싼 가격이 상인들 간의 결탁에 의해 인위적으로 높게 결정된 것이라면 문제가 되겠지만, 수많은 상인들이 물건을 사고파는 장터에서 담합이 유지되는 것을 상정하기란 쉽지 않다. 결국 장돌뱅이들은 물자가 남아도는 지역에서 물자가 모자라는 지역으로 이동시킴으로써 소비자의 후생을 증대시키고, 물가를 안정시키는 역할을 수행한 것이다. 애덤 스미스가 이야기했던 '보이지 않는 손'을 구현했던 셈이다.

장시에서는 온갖 종류의 다양한 물품이 거래되었다. 농민들은 쌀이나 가축 혹은 간단한 수공업품을 들고 나와서 서로 교환하거나, 혹은 철제농기구나 소금처럼 일반 농가에서 쉽게 생산하지 못하는 제품들을 구매하였다. 재미있는 것은 농민들이 장시에 나가는 중요한 이유 중 하나가 화폐를 얻는 것이었다는 사실이다. 세금을 낸다거나 필요한 물건을 사려면 돈이 있어야 하는데, 선근대 사회에서 장시는 바로 화폐를 확보할 수 있는 가장 중요한 원천이었기 때문이다. 때문에 예전에는 "쌀 팔아 돈 산다"라는 표현이 흔히 쓰였는데, 오늘날에는 이해하기 어려운 이 말은 이러한 관행에서 비롯된 것이다.

18세기까지 증가하던 장시는 19세기 동안 다소 감소하지만, 식민지기에 접어들면서 다시 증가하기 시작해서 『조선총독부통계연보』에 따르면 1938년에는 1,458개소에 이르렀다. 해방 이후 남한에서는 이러한 추세가 계속되어서 1970년대 초만 해도 남한 지역 장시의 수는 1,000여 개를 헤아렸다. 하지만 장시는 1980, 1990년대를 지나면서 빠르게 감소하여, 한국정기시중앙회에 따르면 2000년대에 들어 명맥을 유지하고 있는 5일장은 500여 개

정도라고 한다. 이러한 5일장의 쇠퇴는 경제구조 변화의 자연스런 결과라고 볼 수 있다. 도시에 사는 인구 비율이 크게 증가했고, 농산품이나 공산품의 생산, 유통방식 자체가 5일장과는 맞지 않는 방식으로 바뀌었다. 아울러 교통의 발달과 농촌 소득 증가 등에 따라 농촌에 사는 사람들이 자동차를 타고 인근 도시에 나와 물건을 사기 쉬워진 것도 5일장을 찾는 사람이 줄어든 중요한 원인이다.

사라지는 것은 아쉬움을 남긴다. 5일장의 쇠퇴 역시 예외가 아니다. 장터의 정겨운 풍물과 정취는 문학 작품 속에 흔적만을 남긴 채 장터들과 함께 스러져 갈 것이다. 그것은 우리가 편리함과 신속함 등을 얻으면서 치르는 대가이다. 하지만 이것을 너무 마음 아파하고 되돌리려 노력하기보다는, 마트나 슈퍼마켓을 둘러싼 서민의 삶을 소중하게 여기고, 이것을 진솔하면서도 아름답게 묘사해 줄 우리 시대의 작가를 기대하는 것이 더 맞을 듯하다.

국제무역

정부가 국민의 삶을 더 나은 방향으로 이끌어가기 위해 특정 상품의 거래나 소비를 규제 혹은 금지하는 것은 동서고금을 막론하고 흔히 있는 일이다. 조선 왕조도 예외는 아니었다. 국민의 지나친 사치를 우려해서 여러 차례에 걸쳐 복식금지령을 내려 비싼 옷을 입지 못하게 하기도 했고, 미풍양속을 해치거나 불온한 사상을 유포한다는 명목하에 책의 발행과 유통을 감시하기도 했다. 또 농사에 필요한 소가 부족할까 우려하면서 소를 도축해서 먹는 것을 금지하는 우금牛禁, 식량 부족을 방지하기 위해 쌀로 술을 담그는 것을 막는 주금酒禁, 땔감이나 목재로 지나치게 삼림을 벌채하는 것을 예방하기 위한 송금松禁 같은 정책도 실시했다. 하지만 이러한 사례들과는 달리 특정상품이 아닌 외국과의 교역 전체를 국가가 독점적으로 관장하는 공무역公貿易 체제를 시행한 것은 정책의 규모나 범위, 그리고 경제에 미친 영향력 등을 고려할 때 조선시대의 경제정책을 특징짓는다고 할 만큼 이례적인 것이었다.

조선 왕조가 조공무역 이외의 교역을 엄격히 통제한 데에는 명·청조 정부가 대외교역을 조공무역만으로 한정했다는 외적 요인이 중요했지만, 내적 요인, 즉 조선 왕조를 떠받치던 성리학적 세계관도 크게 작용했다. 사대부들이 사유의 지침으로 삼은 사서 삼경四書三經은 자영농이 주축을 이루는 농업사회를 이상적인 사회로 묘사하고, 상업활동은 가능한 한 최소화해야 한다고 강조한다. 결국 생활의 근본을 이루는 농업에 힘쓰고 말단인 상업을 억제한다는 '무본억말務本抑末'의 경세관經世觀에 따라 조선 왕조는 모든 상업활동을 국가관리하에 두고자 했다. 행장行狀제도라고 해서 5일장 등에서 거래하던 행상들은 정부에 등록을 해야 했고, 서울에서는 국가가 인정한 상인만이 시전市廛을 열고 상업 활동을 할 수 있었다. 해상을 통한 모든 민간무역을 금지하고, 육로를 통한 교역에서도 공무역만을 공식적으로 인정한 것은 이러한 상업억제책의 맥락에서 나온 것이다.

유의할 점은 이 같은 조선 왕조의 폐쇄적인 교역정책이 지난 2000년간의 우리 역사를 돌이켜 볼 때 다소 예외적인 것이라는 사실이다. 삼국시대의 나라들과 통일신라, 그리고 고려는 중국, 일본과는 물론이고 인도, 서남아시아 국가들과도 문화·경제적 교류를 하고 있었고, 이러한 활동은 인도풍의 불상, 장보고의 해상활동, 신안 앞바다 등지에서 발굴된 유물, 그리고 회회인回回人이라고 부르는 이슬람인을 언급한 향가 등 다양한 흔적을 남겼다. 따라서 '은자隱者의 나라' 같은 칭호가 풍기는 이미지로 우리 역사 전체를 파악하는 것은 사실과 부합하지 않는다고 할 수 있다.

그렇다면 조선 왕조의 무역정책은 의도대로 상업을 억제하고 좀 더 생산적인 농업활동을 장려함으로써 국민의 생활이 윤택해지고 국력이 증진되었을까? 불행히도 그렇게 보기는 어렵다. 우선 통제정책은 민간의 교역을 어렵게 만들기는 했지만 국가가 의도하는 수준으로 교역을 억제할 수는 없었다. 교역 통제로 인해 민간에서 원하는 많은 물품이 제대로 공급되지 않은 결과, 가격이 올라가면서 수입품 판매에 따른 이득을 크게 증가시켰고, 결국 많은 사람들이 사무역私貿易 혹은 밀무역에 손을 대게 되었기 때문이다.

1차적으로 사무역이나 밀무역은 조공을 바치기 위해 중국으로 여행을 떠나야 했던 사신단 구성원들이 주도했다. 이들은 합법적으로 국경을 넘어 중국으로 갈 수 있었기 때문에 우리나라 인삼 등을 중국에 몰래 가져다 팔고 중국의 사치품을 사다가 우리나라에 돌아와서 팔면서 큰돈을 벌었다. 특히 통역을 주관했던 역관譯官들은 사무역을 주도한 집단이다. 역관은 다른 사람들과는 달리 중국이나 일본에 자주 갈 수 있었기 때문에 현지 사정을 잘 알 수 있었던데다가, 그 나라 말을 할 수 있어 교역을 직접 수행할 능력이 있었기 때문이다. 조선 후기의 유명한 갑부 중 상당수는 역관 출신이었는데, 이들이 바로 사무역을 통해 큰돈을 벌었다. 연암 박지원의 「허생전」에는 주인공 허생이 사업을 벌이기 위해 큰돈을 빌리는 변 씨라는 인물이 등장하는데, 그는 역관 출신 부호 중 가장 유명한 사람 중 하나인 변승업을 모델로 삼은 것으로 알려져 있다.

조선 초기부터 이루어지던 사무역은 조선 후기에 와서는 그 규모도 커지고 방식도 다양화하면서 공무역을 압도하는 수준까지 확장되었다. 하지만 이러한 사무역의 성장이 정부 규제가 유명무실해졌음을, 그래서 실제로는 경제에 별다른 영향을 끼치지 않았음을 의미하지는 않는다. 무엇보다도 외국에 갈 수 있는 기회를 잡을 수 있었던 사람은 제한되어 있었기 때문에, 이들은 독점적 지위를 누릴 수 있었고, 그로 인해 국민들은 자유로운 무역거래에 비해 비싼 값에 수입품을 구매해야 했다. 또 국경을 건너는 권리와 관련해서 뇌물이 오고가면서 부정부패가 발생하고 이것이 고착화되어 국가 기강이 문란해졌다. 나아가 제한된 해외교류는 정보의 흐름을 막아서 세계정세를 두루 파악하기가 불가능하게 되었다.

결국 조선 왕조는 19세기 말 외세에 의한 불평등조약을 통해 개국을 강요당하는 수모를 겪었고, 이후 열강들의 각축장으로 전락했다. 조선 왕조의 몰락을 단순히 무역정책 실패 때문이라고 이야기하는 것은 지나친 일일 테지만, 무역정책이 반영하는 지배층의 세계관, 그리고 무역이 가져다주는 경제적 영향, 나아가 사회문화적 측면까지를 고려한다면, 무역정책을 단순히 여러 요인 중 하나로만 치부할 수는 없다. 이런 측면을 고려해 볼 때, 우리나라가 1960년대 이래로 견지하고 있는 대외개방과 수출주도의 경제성장 전략의 중요성은 다시금 되새길 필요가 있다.

스크린 독점과 차별적 상영 배정

2009년 연말 개봉된 영화 〈아바타〉는 1,250만 명의 관객을 동원했다. 지금까지 개봉된 외국 영화 가운데 가장 많은 관객이 찾은 작품 중 하나이다. 이 영화는 개봉 초기 거의 1,000개의 스크린에서 상영되었는데, 이것은 당시 우리나라 전체 스크린의 절반에 해당한다. 이 때문에 다른 많은 영화가 상영 기회조차 잡지 못하는 문제가 발생했다. 한편에서는 스크린 독점에 대한 비난이 쏟아진 반면, 다른 한편에서는 많은 관객이 원하는 영화를 더 상영하는 것이 무슨 문제인가라는 반론이 제기되었다.

이 문제는 지난 10여 년 동안 우리나라에서 거의 매년 반복되는 스크린 독과점 문제의 한 사례이다. 한 영화가 전체 스크린의 절반을 장악할 수 있는 것은 단순히 영화의 품질만으로 가능한 것은 아니다. 여기에는 우리나라 영화산업의 두 가지 구조적 요인이 작용한다.

첫째는 상영관의 독과점적 구조이다. 2017년 기준으로 우리나라 전체 스크린의 92%는 상영관 상위 3사가 지배하고 있다. 많은 스크린 확보를 위해 배급사가 여러 극장주와 협상할 필요 없이 대형 상영관 기업과만 계약을 맺으면 된다.

둘째는 이 상영관 상위 3사가 모두 배급사 또는 제작사를 사실상 보유하고 있다는 점이다. 이럴 경우 상영관 3사는 자신이 보유한 배급사 영화는 상영 배정을 유리하게 해주고, 경쟁 배급사 영화는 상영을 배제하는 차별적 배정을 할 수 있다. 많은 영화산업 관련 인사들은 상영관 3사가 차별적 상영 배정을 통해 자기 배급사 영화의 흥행을 지원하며, 이 때문에 더 좋은 영화의 상영 기회가 줄어들어 영화산업에 악영향을 끼친다고 비판한다. 물론 상위 3사는 이러한 비난이 부당하다고 반박한다. 과연 진실은 무엇일까?

경제학자들은 스크린 독과점 현상이 실제 존재하는지, 만일 그렇다면 왜 이런 정책을 쓰는지에 대해 다양한 실증연구를 수행해 왔다. 그리고 대부분 상영관 3사가 다른 배급사에 비해 자신의 배급사 영화를 더 많이 상영 배정해 준다는 결론을 제시했다.

하지만 영화의 흥행성과 상영관 간의 관계를 고려해 보면 다음과 같은 질문이 남게 된다. 〈아바타〉처럼 흥행성이 높은 영화에 대해서도 차별적 상영 배정이 이루어지는 것일까? 예를 들어 상영관 3사와 관련 없는 배급사가 아바타를 수입했다고 하자. 그리고 이미 여러 가지 정보는 이 영화가 크게 성공할 것임을 보여주고 있다고 하자. 이런 상황에서도 상영관 3사는 자신의 계열사가 수입하지 않았다는 이유로 〈아바타〉와 같은 대작 상영을 거부할까?

스크린 독과점 문제를 다루면서 단순히 그런 현상이 있느냐 없느냐로 질문하는 것은 문제의 본질을 정확히 짚지 못할 가능성이 크다. 영화가 블록버스터급이냐 아니면 중·저예산을 들인 보통 규모의 영화냐를 구분해서 스크린 독과점이 미치는 여부를 파악해야 할 것이다.

정필문(성균관대학교 경제학과 박사과정)은 2011년부터 2017년까지 우리나라에 수입된 외국영화를 대상으로 해서 제작비에 따라 스크린 배제 현상이 있었는지를 분석했다.[*] 분석 대상을 외화로 한정한 이유는 우리나라 영화의 경우는 신뢰할 만한 제작비 정보를 얻기가 매우 어렵기 때문이다.

정필문의 분석에 따르면, 제작비가 낮은 영화일수록 차별적 상영 배정이 뚜렷하게 나타났다. 중·저예산 영화 내에서 상영관들은 자신의 배급사 영화에 대해 적게는 50%에서 많게는 70%까지 상영 배정을 더 많이 해주고 있었다. 반면 고예산 영화일수록 배급사별 차별적 상영 배정이 없는 것으로 나타났다. 제작비와 차별적 상영 배정 간에 음의 상관관계가 나타나는 이유는, 경쟁 배급사의 블록버스터 영화를 상영 배제하면 그만큼 관객을 잃는 기회비용을 치르게 되기 때문이고, 반면 타 배급사의 저예산 영화일수록 기

***

[*] 정필문, 「제작비 규모에 따른 차별적 상영배정」,《경제학연구》, 제65권 제4호(2017), 85~128쪽.

회비용을 더 적게 치르고도 손쉽게 퇴출시키는 것이 가능하기 때문이다.

　제작비가 낮은 영화시장에서만 차별적 상영 배정 행위가 발생한다고 해서 스크린 독과점의 심각성이 줄어드는 것은 아니다. 오히려 이러한 차별행위는 새로운 경쟁사가 영화시장 진입을 막는 결과를 가져올 수 있기에 더욱 심각한 문제라고 할 수 있다. 새로 진입하는 영화사는 기존 영화사에 비해 자금력과 영화제작 경험이 부족한 것이 일반적일 것이다. 자금력이 부족한 영화사는 상영 기회의 박탈로 한두 번만 흥행에 실패해도 영화산업에서 퇴출될 것이다. 경쟁자가 줄어들면 결국 시장은 독과점화가 되고 소비자 후생은 감소할 것이다.

　스크린 독과점 논란은 공정경쟁뿐만 아니라 영화의 다양성 면에서도 중요한 이슈이다. 스크린 수는 단기적으로 제한적이기에 한 영화에 대해 과도하게 스크린이 집중되면 그만큼 다른 영화의 상영 기회가 줄어들고, 관객에게는 선택의 폭이 줄어들게 된다. 그리고 창의적이고 다양한 방식으로 자신만의 영화를 제작하는 예술인들에게 스크린 독과점은 더욱 큰 벽으로 와 닿을 것이다. 상대적으로 제작비가 낮은 예술영화가 극장에 상영되는 경우는 더욱 줄어들 것이고 〈워낭소리〉, 〈님아, 그 강을 건너지 마오〉와 같은 작품은 극장에서 사라질지도 모른다.

　그렇다고 즉각적으로 정책당국이 개입해서 규제를 해야 한다는 의미는 아니다. 영화산업에서 수직결합이 긍정적인 결과를 가져다주는 측면도 있기 때문이다. 일부 연구에서는 배급사와 수직 결합된 상영관이 다른 독립상영관에 비해 영화를 더 다양하게 상영한다는 결과를 제시하기도 한다. 상영관과 배급사의 수직결합으로 인해 원활한 자금공급이 이루어져 〈명량〉과 같이 블록버스터급 영화가 탄생했다는 주장도 있다. 중·저예산 영화에 대해서만 차별적 상영 배정이 있으니, 상영관 3사의 계열사들이 중·저예산 영화를 제작하거나 배급하는 것을 제한하는 것도 방법이 될 수 있다. 그러나 무엇을 기준으로 중·저예산과 고예산을 구분할지가 쉽지 않은 어려움이 있다.

스크린 독과점 문제는 이처럼 영화산업 구조, 공정 경쟁, 문화적 다양성, 기회의 공정성, 소비자 선택 등이 복잡하게 얽혀 있는 문제이다. 매년 어김없이 똑같은 논란이 반복되는 이유는 그만큼 해결이 어려운 문제이기 때문일 것이다. 하지만 그럴수록 선험적인 판단보다는 경험적 분석을 통해 문제의 본질에 접근하려는 노력이 필요하다. 산업구조에 대한 면밀한 분석이 중요한 까닭이다.

순번과 순위

〈나는 가수다〉의 경제학

〈나는 가수다〉(이하〈나가수〉)는 2011년 초부터 2년간 문화방송MBC
에서 방영된, 가수들의 노래 경연 프로그램이다. 그동안 공중파에
서 쉽게 볼 수 없던 뛰어난 가수들의 열창을 볼 수 있어 이 프로그
램은 시청자의 많은 사랑을 받았다. 하지만 방송사에서 '예능' 프
로그램임을 누누이 강조했지만 이 프로그램은 경연의 공정성이라
는 무거운 문제와 관련해서 방송 초기에 심한 몸살을 앓았다.

　흥미로운 점은 이러한 논란이 있음에도 〈나가수〉 같은 경연이
내포하는 근본적인 문제에 대한 본격적인 논의는 이루어지지 않
았다는 사실이다. 그것은 바로 노래를 부르는 순번이 그 가수의 순
위에 미치는 영향이다. 2011년 동안 방영된 〈나가수〉에서는 매회
일곱 명의 가수가 차례로 노래를 부른 뒤, 청중들이 잘했다고 생각

하는 가수에게 투표를 했다. 이 과정에서 초반에 부른 가수와 후반에 부른 가수 간에는 무시할 수 없는 시간의 격차가 발생했다. 이것은 기억 혹은 감동의 감가상각을 가져와서 초반에 부른 가수들이 득표에 불리하게 작용할 수 있었다.

이 문제는 사실 '경연concours'이라고 통칭되는 종류의 경쟁에 모두 내재되어 있다. 음악콩쿠르, 영화제, 미인선발대회, 피겨스케이트 선수권 대회 등이 대표적인 경연 형태의 경쟁이다. 나아가 회사의 입사 면접, 입찰에서의 발표presentation, 선거후보자들의 공약연설 등도 여기에 속한다. 경연에서는 심사자들이 승패 여부를 판단하는데, 여러 참가자의 공연을 동시에 볼 수 없기 때문에 경연 참가자들은 순서를 정한 뒤 차례대로 공연을 한다. 이때 공연 순서는 〈나가수〉에서처럼 경연자들의 실력과는 무관한 기억의 감가상각이라는 요인을 통해 승패 혹은 순위에 영향을 미칠 수 있다. 이런 이유로 경연 참가자들은 공연 순번에 대해 매우 민감하게 반응하는 경우가 많으며, 경연에서는 불필요한 공정성 논란을 배제하고자 순번을 정하는 절차를 엄격하게 정해놓기도 한다.

그렇다면 순번은 실제로 순위에 유의미한 영향을 미치는가? 필자와 명지대학교 우석진 교수가 〈나가수〉의 자료를 다각도로 분석한 바에 따르면, 이 질문에 대한 답은 '그렇다'이다.[*] 예컨대 첫 번째나 두세 번째로 노래를 부른 가수들의 평균 순위는 4.65등

[*] 김두얼·우석진, 「경연에서 순번이 순위에 미치는 영향: '나는 가수다'를 통한 사례분석」, 《국제경제연구》 제19권 제3호(2013), 57~80쪽.

인 반면, 다섯·여섯·일곱 번째로 노래를 부른 가수들의 평균 순위는 3.48등으로 1등위 이상 높았다. 여러 가지 방식으로서 순위를 비교해 보더라도 초반에 노래를 부른 가수들의 평균 순위가 후반에 부른 가수보다 낮다는 사실은 변하지 않는다. 또 가수의 특성, 편곡 방식 등이 순위에 미칠 수 있는 영향들을 통제하고 실시한 회귀분석에서도 순위가 순번에 유의미한 영향을 미친다는 사실은 온전히 확인되었다. 선행 가수와 후행 가수 간에 존재하는 이상과 같은 관계는 KBS 제2TV에서 방송되는 〈불후의 명곡 II〉 같은 경연 프로그램에서도 그대로 나타났다.

이처럼 경연에서 순번이 순위에 무시할 수 없는 영향을 미친다면, 과연 경연의 공정성은 어떻게 담보해야 할까? 이 문제에 대한 대응은 크게 보면 사전적 공정성을 높이는 접근과 사후적 공정성을 높이는 접근으로 나누어 볼 수 있다. 사전적 공정성을 높이는 방식이란 불운의 배분을 공평하게 하는 것이다. 〈나가수〉에서처럼 제비뽑기를 하는 것이 대표적이다. 이것은 분명 불평등한 초기 조건에 대한 불만을 완화하는 장치일 수 있다. 하지만 경쟁에 내재하는 불평등 자체를 줄이는 역할을 하지는 못한다는 점에서 한계는 있다.

제비뽑기 방식의 한 변형은 기계적으로 순번을 한 자리씩 이동하는 것이다. 예를 들어 어떤 가수가 이번 주에 네 번째로 노래를 하면, 다음 주에는 다섯 번째, 그다음 주에는 여섯 번째로 노래를 하는 것이다. 이것은 제비뽑기와 비교해 볼 때 불운이 특정 가수에게 집중되는 현상을 원천적으로 봉쇄할 수 있다는 장점이 있다. 하지만 이 방법을 적용하는 데에는 두 가지 문제가 있다. 하나는 어떤 가수가 연이어 부르게 되는 경쟁자가 항상 정해져 있기 때문에 생기는 공정성 문제이다(즉, 특히 인기가 높은 가수 앞에 부르게 된 가수는 항상 불리하다). 보다 큰 문제는 이것이 방송사 측에서 볼 때 공정성보다 더 중요한 요인, 즉 프로그램 자체의 재미를 반감시킬 것이라는 점이다. 따라서 제비뽑기와 비교해 볼 때, 프로그램의 성격상 도입하기 어려운 규칙이라고 할 수 있다.

보다 근본적인 접근은 사후적 공정성을 제고하는 것이다. 이것은 먼저 공연을 하는 사람에게 '덤' 혹은 가산점을 주는 것을 의미한다. 단, 순번에 대해 가산점을 그냥 부과하는 것보다는 바둑의 돌가르기처럼 가산점과 순번의 조합을 선택하도록 하는 것이 보다 흥미로울 수 있다. 제비뽑기로 순번을 결정하는 것이 아니라 순번을 선택할 수 있는 권한을 정하는 것이다. 그럴 경우 경연자들은 가산점과 감가상각 등을 고려해서 순서를 '선택'하게 될 것이기 때문이다.

경제학적 상상력을 좀 더 발휘한다면, 가수들 간에 순번과 덤의 거래를 허용하는 것이 좋은 방안일 수 있다. 순번 거래 방식은 기본적으로 순번에 대한 가격인 덤을 도입할 때 가능해진다는 측면에서 기본적으로는 덤 제도의 한 변형이라고 할 수 있다. 이러한 요소를 도입하는 것은 방송프로그램의 재미를 해치지 않으면서도 공정성을 제고하는 데 기여할 수 있을 것이다.

불행히도 가산점 방식 역시 문제를 완전히 해결하는 방식이라고 보기는 어렵다. 웬만한 수준의 가산점에 대해서는 가수들은 대개 후반에 노래를 부르고 싶어 할 것이 예상되기 때문이다. 현실적으로 보다 어려운 점은 어떤 것이 충분한 가산점 수준인지를 파악하는 것이 쉽지 않다는 사실이다. 이 제도가 도입되었을 때 가수들이 어떻게 반응할 것인지를 예측하는 것은 쉽지 않다. 더 나아가서는 청중의 반응도 문제가 된다. 즉 청중평가단이 가산점의 존재를 의식해서 각 가수에 대한 평가를 조정하고 투표를 결정한다면, 가중치는 그 역할을 제대로 하지 못할 가능성이 있다. 이처럼 청중과 가수가 모두 합리적 기대를 통해 새로운 제도에 반응할 때 그것의 영향을 받아 귀결될 균형이 무엇인지에 대해서는 보다 엄밀한 모형, 그리고 이러한 동학을 보여줄 수 있는 중분한 자료가 확보될 때 파악이 가능할 것이다.

공정한 제도를 고안하는 일은 쉽지 않다. 〈나가수〉 같은 간단한 경연에서조차 그러하니, 공정한 사회를 건설한다는 것은 지난한 과제임에 틀림없다. 하지만 사회 전체와 비교해서는 매우 단순한 〈나가수〉와 같은 사례에 대한 세밀한 연구는 문제의 본질에 대한 통찰을 가져다줄 수 있다. 그리고 이러한 통찰은 사회 문제를 해결하는 단초가 될 수 있다. 경제학자가 〈나가수〉 같은 방송 프로그램에 관심을 갖는 것은 바로 이런 이유 때문이다.

동문 효과

'명문名門'이라 부르는 학교들이 있다. 사람들이 어떤 학교를 이렇게 부른다면, 그것은 해당 학교 출신들이 거둔 좋은 성과에 기인한다. 흔히 명문 고등학교란 명문 대학교에 더 많은 학생을 입학시켰기 때문에, 명문 대학교란 좋은 일자리에 상대적으로 많은 졸업생을 취업시켰기 때문에 이런 호칭을 얻게 된다.

명문 학교들은 어떻게 이런 성과를 거둘 수 있을까? 기본적으로 두 가지 요인을 생각해 볼 수 있다. 첫째는 질 높은 교육이다. 명문 학교는 훌륭한 교사를 보유하고 좋은 교육환경을 제공하기 때문에 다른 학교들보다 학생들의 능력을 더 높이 배양할 수 있다. 그리고 이런 성과가 사람들에게 널리 알려지면 뛰어난 학생들이 이 학교에 지원하게 되는데, 수준 높은 학생들이 모여 교류하고 경쟁하는 과정에서 교육 효과는 자연스럽게 배가된다. 이런 요인이 복합적으로 작용할 경우 졸업생들의 성취도가 탁월한 것은 당연한 귀결이다.

둘째는 '동문同門' 효과라고 명명할 수 있는 요인이다. 일단 어떤 학교가 많은 훌륭한 졸업생을 배출해 왔다면, 이 학교의 졸업생들은 사회에서 능력이 뛰어난 선후배를 둘 수 있다. 이러한 동문들이 같은 학교를 나왔다는 친밀감에 기초해서 서로 긴밀하게 정보를 교환하거나 업무에서 도움을 주고받는다면, 명문 출신은 일반 학교 출신보다 더 높은 성과를 이룰 수 있다.

명문 학교 졸업자들이 좋은 성과를 보이는 이유가 주로 전자 때문이라면, 그것은 사회적으로 매우 바람직하다. 더 좋은 인재를 배출하기 위해 보다 우수한 교육을 하려는 경쟁은 학교나 소속 학생, 나아가 사회적으로도 좋은 일이기 때문이다. 하지만 후자가 중요한 이유로 작동한다면 이것은 사회적으로 꼭 바람직하다고 할 수는 없다. 예를 들어 기업에서 승진 심사를 담당하는 사람이 대상자 가운데 상대적으로 능력이 떨어지더라도 동문 후배를 승진시킨다고 하자. 명문 학교 출신이 일반 학교 출신을 차별하여 배타적 이익을 얻는 이 같은 행위는 사회적으로 많은 문제를 야기하게 된다.

과연 명문 학교 출신이 사회에서 뛰어난 성과를 보이는 것은 위의 두 가지 요인 중 어느 요인에 따라 더 좌우되는 것일까? 혹은 '동문' 효과로 인해 명문 학교 출신이 얻는 이득은 얼마나 될까? 이 문제에 대해 답하는 한 가지 방법은 다음과 같다. 예를 들어 A와 B가 각각 명문 고등학교와 일반 고등학교를 졸업했다고 하자. 그런데 이 두 사람은 같은 시기에 같은 대학 같은 과에 입학하고, 같은 연도에 졸업을 했다. 두 사람은 동일한 직장에 취직했는데, 이후 10년 동안 두 사람은 모두 열심히 노력했음에도 A의 임금이 B보다 높았다. 그렇다면 이 결과는 상당 부분 동문 효과에 기인했다고 추론해 볼 수 있다. 즉 성취도를 결정하는 두 가지 요인 중 교육 효과를 통제한다면 동문 효과가 얼마나 되는지 측정해 볼 수 있다.

기본적으로 위의 추론은 통계적 검증이 가능하다. 동일한 시기에 같은 대학을 나온 사람들의 자료를 확보한 뒤, 이들을 명문고 출신과 일반고 출신으로 나누어 졸업 후 일정 기간이 지난 시점의 임금 차이를 측정해 보면 되기 때문이다. 단, 이 결과를 온전히 동문 효과로 돌리는 것은 타당하지 않다. 그것은 개인들의 능력을 통제하지 못했기 때문이다. 명문 학교 출신인 A가 일반 학교 출신인 B보다 능력이 뛰어났다고 하면 취업 후 나타난 더 높은 성과는 동문 효과가 아니라 능력의 결과였을 수 있다. 특히 명문 학교 출신은 앞서 언급한 이유로 원래 능력이 뛰어난 사람이었다는 가능성을 고려한다면 이러한 가능성을 배제할 수 없다.

따라서 한 가지 조건이 추가될 때 위 실험은 좀 더 설득력을 갖게 된다. 그것은 A와 B가 애초에 동일한 능력을 가진 사람이라는 조건이다. 동일한 능력을 가진 사람이 동일한 수준의 교육을 받았다면 동일한 효과를 갖는 것이 당연할 텐데, 만일 임금 차이가 난다면 이것은 동문 효과로 상당 부분 설명될 수 있을 것이기 때문이다.

이상과 같은 실험이 가능할까? 흥미롭게도 우리나라에서 이루어진 교육제도 개혁 조치는 여기에 부합하는 상황을 제공하였다. 바로 1974년 고교 평준화 조치이다. 고등학교 입학 단계의 과도한 경쟁을 완화하기 위해 추진되었던 이 제도는 기본적으로 그 이전에 형성된 명문 학교와 일반 학교에 무작위 추첨을 통해 동일한 성적 분포를 가진 학생 집단을 배정하였다. 아울러 평준화 조치가 있은 지 몇 년이 지나게 되면 교사의 순환 근무 등으로 인해 명문 학교와 일반 학교 간 교육 여건 차이도 상당 부분 줄어들었다. 따라서 고교 평준화 조치 이후 일정 기간이 지난 뒤 명문과 일반 고등학교 졸업자의 임금 격차를 측정한다면 동문 효과를 측정하는 것이 가능하다.

한밭대학교 남기곤 교수는 한국직업능력개발원에서 만든 교육-노동시장 생애경력조사 자료를 이용해서 이상과 같은 방법으로 동문 효과가 얼마나 되는지를 측정했다.[*] 이 연구에 따르면, 평준화조치가 시행된 지 10년 정도가 지난 1980년대 중반에 고등학교에 입학한 뒤 1992년에 대학을 졸업한 사람들의 임금을 살펴보면, 평준화 이전의 '전통적' 명문고 졸업자는 비명문고 졸업자에 비해 (대학을 졸업한 지 17년이 지난 2009년 시점에서) 12~18%가량 더 높은 임금을 받는 것으로 나타났다.

흥미로운 점은 동문 효과가 상위 임금 계층에 집중되어 나타났다는 점이다. 이것은 명문 학교의 동문 효과가 사회경제적으로 최

---

[*] 남기곤, 「명문고 졸업이 임금에 미치는 효과: 실제 존재하는가?」, 《경제학연구》 제60권 제1호(2012), 157~185쪽.

상위층에 집중되어 나타나고 있음을 보여준다. 아울러 이러한 명문고 효과가 그보다 10년 후인 2002년 졸업생에서는 나타나지 않는다는 점도 주목할 만하다. 이 점은 기존 명문고 효과의 감소와 아울러 새로운 명문고의 등장에 따른 결과로 해석해 볼 수 있다.

보다 훌륭한 졸업생을 배출하기 위한 학교 간 경쟁은 사회를 풍요롭게 만드는 기반이다. 아울러 자신이 나온 학교의 이름에 걸맞은 사람이 되고자 노력하는 것 역시 사회 발전에 이바지하는 좋은 원동력이다. 하지만 동문들끼리 배타적 네트워크를 만든다거나 능력이 뛰어난 사람 대신 능력이 떨어지는 후배를 발탁하는 정실 인사는 소아小我를 위해 대아大我를 희생하는 결과를 가져온다.

동문 간 뒤 봐주기에 대한 가장 강력한 통제 수단은 시장 메커니즘이다. 어떤 개인 기업에서 능력 있는 사람 대신 능력이 떨어지는 친한 사람을 선택한다면, 그 기업은 낮은 성과로 인해 시장에서의 경쟁을 통해 응징을 받게 된다. 국가에서도 마찬가지이다. 공직 사회, 나아가 국가 권력이 동문들 간의 친분을 우선으로 삼아 운영된다면 국제 사회에서 해당 국가는 퇴보하게 된다. 기업의 경우는 선택에 대한 피해를 기업 소유자 본인이 지면 그만이다. 하지만 국가의 경우는 동문들 간 나아가 직장 선후배 간 자기 사람 챙기기가 국민에게 피해를 준다.

과연 우리나라의 공무원들, 특히 고위공무원들은 이런 문제에 대해 떳떳할까? 동문 챙기기는 과거의 유물일 뿐인가? 그렇기를 바랄 뿐이다.

담뱃세 논쟁
말을 마차 앞으로 가져와야

2014년 보건복지부는 담배 가격 인상안을 발표했다. 예상대로 찬반 논란이 거세게 일어났다. 그만큼 국민의 실생활에 큰 영향을 주는 정책이라는 것을 반증하는 결과였다. 이런 문제일수록 정책의 타당성에 대해서는 차분한 논의가 필요하다.

정부정책에 대해서는 목표, 수단, 부수효과라는 세 가지 층위를 순서대로 검토, 평가해야 한다. 담배 가격 인상에 대한 주장들도 어떤 주장이 이 세 층위 중 무엇에 대한 것인지를 고려해서 따져야 한다. 그래야 생산적인 논의가 될 수 있다.

담뱃세 인상의 1차적 목표는 국민의 건강 증진이었다. 세율을 높여 가격을 인상하는 것은 수단에 지나지 않는다는 뜻이다. 예를 들어 식료품에 부가가치세를 부과하는 것은 식료품 소비를 줄이기 위한 것이 아니라 세금을 거두는 것이 목적이다. 하지만 담뱃세 인상은 흡연자가 부담을 느껴 담배를 덜 피우게 하는 것이 목적이다.

그런 맥락에서 볼 때 담뱃세 인상이 "서민의 부담을 가중"시킨다거나 "서민의 유일한 즐거움을 뺏는" 행위라는 반응은 부적절하다. 이 비판은 사실 담뱃세에 대한 반론이 아니라 흡연을 줄여서 건강을 증진시키는 정책이 타당한가에 대한 반론이다. 아울러 부담을 주기 위한 정책인데 부담을 주니 나쁘다는, 의미 없는 반론이다. 정책 목표와 수단을 혼동한 전형적 사례이다.

담뱃세 인상이 사실은 건강 증진이 아니라 세수 증대를 목적으로 한 정책이라는 비판이 있다. 정부의 속내가 정말 무엇인지는 알 수 없다. 단 이러한 비판을 제기하는 논자들은 단순히 정부의 의도가 순수한지를 따질 것이 아니라 담뱃세 인상보다 흡연율을 낮추는 더 효과적인 정책을 제시해야 의미가 있을 수 있다. 대안 없이 단순히 정부의 '숨은 의도'를 논하는 것은 반대를 위한 반대에 지나지 않는다.

담배 소비를 줄이려고 하면, 크게 경제적 접근과 비경제적 접근을 고려해 볼 수 있다. 어느 쪽이 좀 더 효과적일까?

이 문제와 관련해서 가장 중요한 것은 담배에 대한 수요가 과연 가격에 대해 얼마나 반응하는가, 즉 담배수요의 가격탄력성이 얼마나 되는가 여부이다. 가격에 대한 반응도가 높다면 세금 인상은 수요를 줄이는 데 매우 큰 효과를 가져올 것이다. 하지만 중독성이 높아 가격이 올라가도 애연가들이 흡연을 줄이지 않는다면,

세율 인상은 기대하는 효과를 보지 못할 것이다.

지난 몇십 년 동안 세계 각국에서는 담배의 가격탄력성을 추정하는 연구가 무수히 많이 있었다. 우리나라만 하더라도 여러 가지 자료, 다양한 통계 기법을 이용한 연구가 이미 많이 이루어졌다. 놀랍게도(?) 이 많은 연구들은 거의 일관된 결과를 보여준다. 그것은 담배수요가 비탄력적임을, 즉 가격이 올라도 소비가 크게 줄어들지 않는다는 것이다. 한국외국어대학교 민희철 교수나 한국조세제정연구원 최성은 박사의 연구 내용 역시 동일하다.[*]

이상의 결과는 두 가지를 시사한다. 첫째, 담배는 가격이 오르더라도 수요가 크게 줄지 않는 재화라는 점이다. 이럴 경우, 통상적으로는 가격 인상은 수요를 줄이는 좋은 정책이 될 수 없다. 오히려 비가격적 정책으로 접근하는 것이 보다 효과적이다. 둘째, 가격이 비탄력적이면, 가격은 오르는데 수요는 그만큼 줄지 않으므로 세금 수입이 늘어난다. 이런 점에서 본다면 담뱃세 인상을 세수 증대용 정책으로 보는 시각이 타당한 측면이 있다.

그렇다면 정부의 담뱃세 인상 방안은 정말 비효과적이며, 동시에 세수 증대를 위한 '꼼수'일 뿐일까? 그렇지는 않다. 먼저 가격정책 대신 금연홍보물 제작이나 금연교육 실시 같은 비가격정책을 실시한다고 하자. 이를 위해서는 정책 실시 이전에 교육이나 홍

---

[*] 민희철, 「소득이 담배수요에 미치는 효과 분석」, 《보건사회연구》 제33권 3호(2013), 31~58쪽; 최성은, 『담배과세의 효과와 재정』, 한국조세재정연구원 연구보고서 2014-06(2014).

보가 흡연율을 얼마나 낮출 수 있는지, 담배 가격 인상보다 더 효과적인지에 대한 실증적 근거를 파악하는 것이 필요하다. 아울러 비용 측면도 고려해야 한다. 흡연율을 눈에 띄게 낮출 만큼 금연 교육 또는 홍보를 수행하려면 적지 않은 돈을 들여야 한다. 이러한 비용은 어떻게 조달해야 할까? 담배가 아닌 다른 상품에 세금을 부과할 것인가? 아니면 결국 담뱃세율을 높여서 재원을 조달해야 할까? 세상에는 공짜로 할 수 있는 정책은 없다.

가격탄력성이 낮음에도 가격정책이 여전히 유효한 보다 근본적인 이유는 정책 효과성이 가격을 '얼마나' 올리는가에 달려 있기 때문이다. 가격탄력성이 낮아서 가격인상의 담배 소비 감소 효과가 적다는 것은 가격 인상률을 통상적 수준, 예컨대 5~10% 정도 올리는 것을 전제로 할 때 의미를 갖는다. 만일 가격을 이번 담뱃값 인상안처럼 100%에 근접하도록 올리면 아무리 가격탄력성이 낮아도 수요는 크게 줄어든다.

이러한 추론을 뒷받침해 주는 가장 좋은 근거는 OECD 국가들의 평균 흡연율과 담배 가격 자료이다(그림 4-1). 잘 알려진 바와 같이 담뱃세 인상 전 우리나라의 담뱃값은 OECD 평균의 절반에도 못 미친다. 이러한 낮은 가격은 우리나라의 흡연율이 OECD 최고 수준에 이르도록 한 가장 중요한 요인이다. 아울러 이 그림은 우리나라의 담뱃값을 OECD 평균 수준까지 올린다면 현재보다 흡연율이 상당히 낮아질 가능성이 크다는 점을 보여준다. 높은 가격인상은 그 어떤 대안보다도 흡연율을 낮추는 매우 효과적인 정책일

그림 4-1_ OECD 국가의 담배 1갑당 가격과 남성흡연율(2010년)

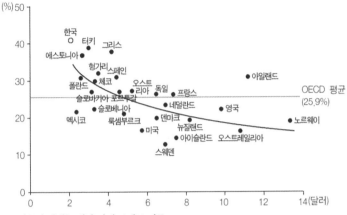

주: 각국별 담배는 최다 판매 브랜드 기준.
자료: 최병호·이근재, 「담배소비세제의 합리적 개편 방향」, 《한국경제포럼》 제6권 제1호
(2013), 88쪽, 그림 4.

수 있다는 것이다.

　담뱃세를 높여서 흡연율을 줄이는 정책을 사용할 경우, 세수 증대는 사실 부수효과에 지나지 않는다. 그럼에도 이러한 부수효과를 중심으로 논쟁이 전개되는 것은 바람직하지 않다. 정부 일각에서조차 조세 수입을 중심으로 문제를 인식하는 듯한 모습을 보이는 경우가 있었는데, 이것은 적절하지 못하며 또 정부 내 의견조율이 제대로 되지 못함을 비치는 듯하여 우려스럽기까지 하다.

　역설적으로 들릴 수 있으나, 정부가 담뱃세 인상을 통해 진정으로 도모하는 것이 세수 증대라면, 사실 담뱃값을 500원이나 1,000원 정도만 높이는 것이 가장 안전하다. 바꾸어 말하면, 보건

복지부가 제안한 2,000원보다 인상률을 낮추면 낮출수록 담뱃세 인상은 역설적으로 본말이 전도되어 간다. 이 정책을 비판하는 논자들이 주장하는 것처럼 가격 인상이 흡연율을 크게 낮추지 않기 때문에 온전히 세금 수입은 늘려주기 때문이다. 또 반대 여론을 누그러뜨리는 데에도 효과적이다. 세수 증대 수단으로 은밀하면서도 자연스럽게 변모해서 작동하게 된다.

최성은 박사의 연구가 제시한 모의실험 결과에 따르면 이러한 본말의 전도를 막기 위해서는 정부 인상안보다 사실 더 높은 담배 가격 인상이 필요하다. 그래야 서양 속담처럼 말이 제 위치에서 마차를 끌 수 있게 된다.

제5부

시장과 제도

"2007년 우리나라에 존재하는 회사는
90% 이상이 주식회사이며, 이러한 쏠림 현상은
1960~1970년대가 되면 이미 명확하게 나타난다.
과연 주식회사라는 제도가 다양한 기업활동을
모두 다 잘 지원해 주기 때문에 이런 양상이 나타난
것인지, 아니면 보다 적절한 틀이 제공되지 못해서
이런 양상이 불가피하게 나타났는지 여부가
논란거리이다."

— 「회사 제도」 중에서

애덤 스미스는 시대착오적?

경제학자들에게 고전古典이란 대개 "모두가 좋은 책이라고 말하면서 아무도 읽지 않는 책"을 의미한다. 다분히 냉소적이긴 하지만 이 언명은 경제학계 혹은 경제학 교육에서 경제학의 고전들이 다루어지는 현실을 잘 반영한다. 고전 중의 고전이라 할 수 있는 애덤 스미스의『국부론』이라고 해서 예외는 아니다. 에드윈 캐넌이 편집한 시카고대학 출판부의 판본은 약 1,100쪽에 육박하는데, 영어 표현대로 "cover to cover", 즉 이 책을 첫 장부터 끝까지 독파한 경제학 전공자를 만나보기란 쉬운 일이 아니며, 하물며 일반인들이야 더 말할 나위가 없을 것이다.

그나마 다행인 것은 이 책의 핵심 내용이 10쪽가량 되는 제1권 제1장에서 실려 있다는 사실이다. 고전을 읽겠다고 야심 차게 도전하는 이들조차 표제어 검색에 의존해서 확인할 수밖에 없는 '보이지 않는 손invisible hand'이라는 표현과는 달리, '분업'이라는 제목을 단 이 장을 읽으면 왜 애덤 스미스가 분업의 중요성을 강조했는지, 그리고 핀 공장의 사례가 어떻게 기술되어 있는지 정도는 손쉽게 확인할 수 있다.

널리 알려진 바와 같이 핀 공장의 사례는 분업의 이익에 관한 이야기이다. 애덤 스미스에 따르면 숙련되지 않은 노동자가 혼자서 모든 공정을 담당해서 생산할 경우 하루에 핀을 20개도 만들기 어려운데, 철사 자르기나 뾰족하게 하기 같은 18개의 생산공정을 핀 만드는 장인 10명이 적당히 나누어 담당하게 되면 하루에 4만 8,000여 개를 생산할 수 있다는 것이다.

이 사례를 통해 애덤 스미스는 분업이 생산성을 높이는 주요한 원천임을 주장한다. 그런데 분업을 통해 생산을 할 경우 많은 생산자들은 소비가 가능한 최종재가 아닌 중간재를 만드는 위치에 있게 되기 때문에, 교환을 통해서만이 노동의 대가를 향유할 수 있다. 따라서 분업을 통한 생산성 증대는 교환, 혹은 교환이 이루어지는 추상적 공간을 지칭하는 일반적 명칭인 시장을 통해야 가능하다. 이처럼 애덤 스미스는 핀 공장의 사례 등을 통해 분업이 심화될수록 생산성을 더 높일 수 있음을 주장한 뒤, 제1권 제3장에서 한 사회가 분업을 얼마만큼 심화할 수 있는지 여부는 시장의 크기에 의존한다는 유명한 명제를 제시한다. 수요의 증가가 경제성장을 가져올 수 있는 메커니즘을 제시한 것이다.

애덤 스미스의 사유를 따라가면서 반드시 짚고 넘어가야 할 것

중 하나는, 왜 그가 분업이 생산성을 높여준다고 생각했는지이다. 그는 세 가지 이유를 들었다. 첫째는 숙련도가 높아진다는 것, 둘째는 작업 전환에 따른 시간이 절약된다는 것이다. 눈여겨보아야 할 점은 세 번째 요인으로 지목한 기계의 사용이다. 기계를 사용하면 생산성이 높아지리라는 것은 별다른 이론의 여지가 없다. 하지만 기계의 도입 혹은 개발이 어떻게 이루어지고 이것의 효과가 무엇인지에 대한 그의 설명은 오늘날 사람들이 흔히 생각하는 것과는 큰 차이가 있다. 오늘날에는 일반적으로 기계를 숙련노동의 대체 수단으로 이해한다. 즉, 기계를 도입하게 되면 노동자가 생산을 위해 익혀야 할 기술이 단순해지기 때문에 임금이 싼 비숙련노동자를 이용할 수 있다는 것이다. 하지만 애덤 스미스는 분업을 통한 숙련의 심화가 기계의 도입 혹은 진보를 가져온다고 보았다. 기계의 활용 혹은 새로운 기술 도입은 그 자체가 생산성 향상을 초래한 원천이 아니라 분업이 가져온 하나의 효과라고 본 셈이다.

이처럼 애덤 스미스가 생산성 증가의 원천을 기계의 도입이나 기술발전보다 시장의 확대를 통한 분업의 심화에서 찾은 것은 그가 살았던 시대의 산물이라고 할 수 있다. 산업혁명이 본격화되기 훨씬 이전인 18세기 중엽에 자신의 사상을 발전시키고 책을 출간했기 때문에 규모의 경제에 기반한 기술개발과 투자가 성장을 주도하는 경제를 관찰하고 추론할 기회를 갖지 못한 것이다. 이런 면에서 애덤 스미스의 사상은 일면 시대착오적이다. 하지만 오늘날에 와서도 경제성장에서 분업 또는 시장 확대의 중요성이 결코 줄어들었다고 할 수 없기 때문에, 시장경제의 본질을 드러내 준 그의 사상은 경제학이라는 학문이 존재하는 한 결코 낡았다는 평가를 듣지 않을 것이다.

애덤 스미스가 경제성장에서 분업, 교환, 시장의 역할이 무엇인지를 보여준 이후, 150년이 지난 1930년대에 로널드 코스 Ronald Coase는 「기업의 본질Nature of the Firm」이라는 논문에서 애덤 스미스의 사상을 새로운 차원으로 승화시켰다. 핀 공장의 사례로 설명한다면, 분업이 모두 공장 내에서 이루어져서 한 공장이 철사를 구입한 뒤 모든 공정을 거쳐 핀을 최종재로 생산하여 소비자에게 팔 수도 있지만, 철사 끊기나 뾰족하게 하기 같은 모든 공정을 개별 기업들이 각자 맡아 수행하고 공장들은 서로 중간재를 거래할 수도 있다는 것이다. 이에 코스는 '기업은 무엇을 선택할 것인가'라는 문제를 제기함으로써 분업이 이루어지는 양태가 무엇인지를 궁구하였다.

이 문제에 대해 코스는 시장 거래에 소요되는 비용, 즉 거래비용transactions cost이 어떤 상호 작용을 기업 내부에서 할지 아니면 시장을 통해서 할지를 결정한다고 주장하였다. 만일 이 세상에 거래비용이 존재하지 않는다면 모든 생산단계가 개별 기업에 의해 이루어지건 기업 하나가 모든 생산과정을 포괄하건 차이가 없다. 하지만 시장에서의 거래를 위해서는 여러 가지 비용을 치러야 하기 때문에, 기업은 비용을 따져서 생산단계를 기업 내에서 소화할지 아니면 다른 기업의 생산품을 구입할지를 결정한다는 것이다.

코스의 거래비용 개념은 그 이전 경제학자들이 명확하게 인지하지 못했던 사실, 즉 시장을 통한 교환 자체가 결코 공짜가 아니며 비용을 치러야 함을 인식하게 하였다. 아울러 그의 이론은 왜 기업이 어떤 기능을 수직 결합해서 수행하는지 등을 설명하는 이론적 기초를 제공함으로써 기업 혹은 산업조직 연구에 크게 기여했다. 보다 근본적으로는, 기업이라는 것을 생산을 수행하는 하나의 방식 혹은 제도라고 볼 때 그의 이론은 왜 제도라는 것이 존재하는지에 대한 이론적 토대를 마련했다고 할 수 있다. 시장을 통한 상호 작용이 많은 비용이 들 때 제도로 대체된다는, 즉 제도와 시장이 서로 대체관계에 있다는 그의 직관은 1980년대 이후 제도 경제학 혹은 신제도주의 경제학을 태동시킨 이론적 기반이 되었다.

이처럼 애덤 스미스가 분업의 중요성을 일깨웠다면, 코스는 분업의 양태가 어떤 식으로 이루어지는지 혹은 이루어져야 하는지를 설명하는 사고의 틀을 제공함으로써 경제에 대한 이해를 심화했다. 한 가지 유념해야 할 것은 시장과 제도가 대체관계에 있으면서 동시에 보완관계에 있다는 사실이다. 거래비용이 높아서 시장에서 제대로 거래되지 못하던 상품을 거래 가능하도록 제도를 세워주면 시장은 더욱 활발하게 작동할 수 있기 때문이다. 제도와 시장 간에 존재하는 이와 같은 대체성과 보완성을 깊이 이해하는 것은 오늘날 우리 경제의 성장을 모색하는 출발점이라고 할 수 있다. 많은 사람들이 『국부론』의 첫 장을 읽고 '제도와 경제성장'이라는 화두에 대해 영감을 얻을 수 있기를 기대한다.

수목금토일일일

7일을 주기로 일과 여가를 배치하는 생활양식은 오늘날 인류 전체의 표준으로 자리 잡았다. 이러한 생활양식이 근대 이후 서유럽 국가들의 패권을 통해 확산되어 왔음은 주지의 사실이다. 그러나 7일 주기의 생활양식이 서유럽 국가들의 기독교 문화와 결합되어 있다고 해서 7일 주기 자체나 이를 둘러싼 여러 문화 현상이 기독교적인 것이라고 단정하는 것은 지나친 예단이다.

우선 7일 생활주기는 기독교 문명 외에서도 존재했던 것으로 알려져 있다. 특히 고대 바빌로니아에서 7일 주기를 채택했는데, 바빌로니아의 종교와 문화는 기독교의 뿌리를 이루는 유대교의 형성에 큰 영향을 미쳤다고 한다.

아울러 이들 7일을 명명하는 방식 자체가 기독교적 관점에서 보자면 매우 '이교도적'이다. 오늘날 서유럽 언어들의 요일 명칭들은 기독교가 아닌 고대 로마의 종교와 문화에서 유래한 것이기 때문이다. 라틴어 요일 이름은 태양계 행성의 이름에 상응하는데, 이 행성 이름들은 대개 로마의 신 이름에서 비롯되었다. 일요일과 월요일은 각각 태양과 달에 해당하는 라틴어가 사용되었고, 화요일은 전쟁의 신인 마르스Mars, 수요일은 상업과 여행의 신인 메르쿠리우스(영어식으로는 머큐리Mercury), 목요일은 그리스 신화에서 흔히 제우스라 부르는 주피터Jupiter, 금요일은 사랑과 미의 여신인 비너스Venus, 토요일은 농업의 신인 사투르누스(영어식으로는 새턴 Saturn)를 적용하였다.

라틴어와 직결되어 있는 프랑스어, 이탈리아어 등에서는 요일 이름이 오늘날 이와 거의 유사하다(프랑스어의 경우, 토요일은 안식일을 나타내는 라틴어 Sabato, 일요일은 주님의 날이라는 뜻을 가진 라틴어 Dies Dominica가 변형되어 각각 Samedi, Dimanche가 되었다). 우리나라와 일본에서 사용하는 요일 이름은 태양계 별들의 이름을 적용했다는 점에서 라틴식 명명법을 그대로 따른 셈이다.

재미있는 것은 영어의 경우이다. 영어 요일 이름은 게르만족의 언어에서 유래했는데, 게르만인들은 라틴식 요일 명명법을 거의 그대로 수용하면서도 신의 이름들은 자신들의 신 이름으로 바꾸었다. 예를 들어 화요일의 경우 마르스 대신 게르만 자신들의 전신 戰神 이름 티르Tyr를 사용하였고, 금요일의 경우에는 비너스 대신 자신들의 미의 여신의 이름 프리그Frigg를 사용하였다. 게르만어는 노르만의 영국 침공을 통해 영어의 형성 과정에 결정적인 영향을 미치는데, 중세 영어의 요일 이름에는 이러한 흔적이 뚜렷하게 남아 있다. 우리에게 익숙한 오늘날의 영어 요일 이름들은 바로 게르만식 요일 이름이 세월의 풍화 속에서 변형된 결과이다.

이렇게 다양한 문화적 요인이 요일들의 이름 형성에 기여한 것처럼, 7일 생활주기를 사용하는 방식도 문화적 혹은 사회경제적 조건에 따라 모습이 상이하게 나타났다. 예를 들어 잘 알려진 바와 같이 성경에는 하나님이 세상을 창조한 뒤 마지막 날을 쉬었다고 되어 있으며, 이를 기려 기독교인은 대부분 일요일을 주일로 삼아 예배를 드리고 휴일로 지낸다. 하지만 유대교인이나 이슬람교인들, 심지어는 기독교 내의 몇몇 종파에서는 금요일이나 토요일처럼 일요일이 아닌 닐을 주일로 삼고 있다.

더 재미있는 것은 일요일을 주일로 삼는 것이 일반적이었던 전근대 시기의 서유럽 사회에서조차도 성서에 쓰인 대로 7일 중 일요일 하루만을 쉬었던 것은 아니었다는 사실이다. 영국의 경우, 장인이나 노동자는 19세기 중엽까지도 '성스러운 날holiday'인 일요일처럼 월요일은 세인트 먼데이St. Monday, 즉 성 월요일이라고 부르며 일을 하지 않았고, 심할 경우 화요일까지도 홀리 투스데이 Holy Tuesday, 즉 신성한 화요일이라고 하면서 놀곤 했다. 요즘 유행하는 표현을 빌리자면 그야말로 '수목금토일일일'의 생활을 했던 셈이다.

이러한 생활양식이 바뀌게 된 근본적인 계기는 산업혁명에 따른 공장제의 확산이었다. 공장주들은 비싸게 들여온 기계를 놀릴 수 없었기 때문에 공장을 매일 돌리길 원했지만, 과거로부터 이어온 권리와 전통에 익숙해 있는 노동자들은 이러한 새로운 노동규율을 쉽게 받아들이려 하지 않았다. 이런 이유로 공장주와 노동자 간에는 월요일 휴무를 놓고 오랜 투쟁이 이어졌는데, 결국 공장제가 일반화된 환경에서 태어나고 자란 새로운 세대가 노동계급의 주류가 되는 19세기 후반에 가서야 성 월요일 관행은 완전히 사라지게 된다. 오랜 투쟁 끝에 노동자들이 월요일 전일 휴무를 포기한 대신 받은 대가가 토요일 오후 반나절 휴무였다는 사실도 흥미롭다. 이러한 전환은 다분히 부등가교환적 측면이 있지만, 더 긴 노동시간을 통해 추가적인 소득을 얻었다는 점에서 보자면 대가 없는 수탈이었다고 단정하기는 어렵다. 결국 주 5일 근무제가 확산되기 전 우리 사회가 오래도록 유지해 온 '토요일 반일 휴무, 일요일 전일 휴무' 관행은 종교적 측면만큼이나 산업혁명 혹은 산업화라는 사회경제적 변화의 귀결이었던 셈이다.

이상에서 살펴본 바와 같이, 오늘날의 7일 생활주기는 다양한 문화가 중첩된 결과이며 우리를 둘러싼 경제사회 여건 변화의 산물이다. 우리나라의 경우 토요일 반일 휴무가 오랫동안 지속되다가 여러 진통 끝에 1990년대 말부터 토요일 전일 휴무 혹은 주 5일 근무제가 전 사회적으로 확산되었다. 휴일의 전면적 확대가 성장의 과실을 향유할 만큼 우리 경제가 발전한 결과라는 점에서 이러한 변화는 국민의 복지를 향상시킨 중요한 진보라 할 수 있다.

하지만 여러 가지 이유로 이러한 변화를 함께 누리지 못하는 국민이 많이 있는데, 그중 가장 안쓰러운 것이 우리의 청소년이다. 인생을 마음껏 즐겨야 할 나이에 교과서와 학원에 얽매어 '월화수목금금금'의 생활을 해야 한다는 점이 애처롭고, 미래 사회를 끌고 나갈 능력을 배양할 수 있도록 다양한 것을 경험하면서 풍요롭게 주말을 보내지 못하는 것 같아 안타깝다. 청소년들이 보다 즐겁고도 창의적인 생활주기를 가질 수 있도록 우리 정부와 어른들이 모두 지혜를 모아야 할 때이다.

'골드스미스'와 '실버스미스'

영어에서 스미스smith는 금속과 관련된 장인을 지칭한다. 철을 다루는 대장장이를 블랙스미스blacksmith, 총을 만드는 사람을 건스미스gunsmith라 부르는 것이 대표적인 사례이다. 골드스미스 goldsmith와 실버스미스silversmith란 말도 이런 맥락에서 생겨났다. 하지만 이들을 금 세공업자와 은 세공업자라고 구분해서 이해하거나 번역하는 것은, 틀렸다고 말하기는 어렵지만 적절하지는 않다. 이 두 단어는 사실상 귀금속을 다루는 장인을 지칭하는 영국식, 미국식 표현일 뿐이다. 즉 철도를 영국에서는 레일웨이railway 라고 하고 미국에서는 레일로드railroad라고 부르듯이, 귀금속 세공업자를 칭함에서 영국은 골드스미스, 미국은 실버스미스를 사용한다고 이해하는 것이 보다 합당하다.

이처럼 귀금속 장인을 부르는 호칭이 영국과 미국에서 다른 것은 경제여건의 차이에 기인하였다. 영국은 전통적으로 금을 화폐의 기본 재료로 사용한 데 비해 미국은 비록 영국의 식민지였으면서도 스페인의 영향으로 인해 오랜 기간 은을 통화의 주요 기반으로 삼았다(화폐와 관련해서 미국이 스페인으로부터 받은 영향은 미국의 화폐 단위가 파운드와 같은 영국식 단위가 아니라 달러라는 스페인식 단위라는 데에서도 잘 나타난다). 비록 금본위제를 더는 유지하고 있지 않지만 오늘날처럼 미국이 통화가치 유지의 수단으로 금을 중심에 둔 것은 19세기 중엽 이후의 현상이다. 1848년 캘리포니아에서 황금이 발견된 이후 금 공급이 크게 늘어나면서 미국에서도 금이 화폐유통에서 차지하는 비중이 증가하게 되었고, 금과 은을 동시에 국내통화유통이나 국제결제에 사용하는 복본위제bimetalism가 19세기 후반 내내 유지되다가 20세기에 들어서면서 최종적으로는 금본위제로 귀착하게 되었기 때문이다.

부를 축적하기 위해 금이나 은 같은 귀금속을 보관할 경우 금화나 은화처럼 주화를 보관할 수도 있지만 금괴나 은괴로 보유하는 경우도 많았으며, 이들 귀금속을 녹여 식기라든가 장신구 같은 제품을 만들어 보관, 사용한 것도 흔한 일이었다. 초기 미국에는 은이 풍부했기 때문에 귀금속 제품도 당연히 은제품이 많았다. 미국의 박물관에서 20세기 이전 미국의 공예품을 보면 장신구나 식기들이 대부분 은으로 만들어진 것이 흥미로운데, 이것은 은이 풍부했던 역사적 환경과 밀접한 관련이 있다. 또 세계적인 귀금속류 생산업체인 티파니Tiffany & Co.는 19세기 중엽에 뉴욕에서 창업했는데, 이 회사가 19세기에 세계박람회 출품 등을 위해 제작했던 대형 작품들이 대부분 은으로 제작되었던 것도 역시 이러한 역사적 산물이다. 결국 미국에서 부의 축적 수단으로 통용되던 주요 귀금속이 은이었기 때문에 미국에서는 귀금속 세공업자들이 은을 주로 다루었고 이들을 실버스미스라 부르게 된 것이다.

귀금속제품은 디자인이 중요하고 제품의 가격이 비싸다는 특성 때문에 소비자의 주문에 따라 소량생산이 이루어지는 경향이 강하며, 오늘날에도 귀금속산업은 다른 산업들보다 자영업자의 비중이 상대적으로 높다. 하지만 미국의 경우 이미 19세기부터 소위 'cheap jewelry'라고 부르는 저가 귀금속 장신구가 공장에서 대량 생산되어 전국적으로 판매되고 있었다. 이러한 저가 귀금속 장신구의 2대 생산 중심지가 뉴욕과 프로비던스Providence였다. 뉴욕은 이미 19세기 초엽이면 미국 경제의 중심으로 부상했기 때문에 귀금속에 대한 수요가 많았다. 맨해턴의 금융가에 가까운 메이든 레인Maiden Lane 지역에는 서울의 종로처럼 귀금속 생산자와 도·소매업자가 밀집해서 다양한 귀금속 제품을 생산, 판매하고 있었다.

프로비던스가 귀금속 산업의 중심으로 발전하게 된 경로는 뉴욕과는 다소 차이가 있다. 로드아일랜드주의 주도인 프로비던스는 미국이 독립하는 18세기 후반까지도 미국의 주요 수출입 항구 중 하나였다. 많은 무역상이 이 도시에서 활동하면서 부를 축적했는데, 아이비리그 대학 중 하나인 브라운대학교의 설립자로 알려진 니콜라스 브라운Nicholas Brown의 집안이 이러한 무역상 가운데 오늘날까지도 널리 알려진 경우이다. 이들 무역상은 무역을 통해 벌어들인 은을 이용해서 식기나 장신구 등을 만들어 사용했는데, 이로 인해 프로비던스에는 일찍부터 유럽 각지에서 이민 온 귀금속 세공업자들이 모여들었다.

그런데 19세기에 접어들면서 프로비던스는 무역항으로서의 지위를 다른 도시들에게 내어주게 되었다. 면방직공업 등을 통해 산업도시로서의 명맥은 유지했지만 귀금속에 대한 도시 내의 수요는 급격히 줄어들 수밖에 없었다. 이에 대해 이 도시의 귀금속 제조업자들은 전국 시장을 겨냥해서 저가 장신구를 제작 판매하는 것으로 대응하였다. 다른 지역들과 비교해서 귀금속제조업자들이 밀집해 있었기 때문에 분업을 심화시켜 생산성을 높일 수 있었고, 이를 뒷받침하는 독특한 소유구조와 생산방식 등을 발전시킴으로써 저가제품 시장에서 뉴욕의 생산자들과 경쟁해 나갈 수 있었다. 나아가 귀금속산업 전문 인력이 집결해 있었기 때문에 인력 양성에서도 전통적인 도제제도가 아닌 전문학교 설립을 통한 체계적인 인력 육성을 시도할 수 있었다. 세계적인 디자인 명문 로드아일랜드 디자인학교Rhode Island School of Design는 이런 배경에서 탄생한 것이다.

프로비던스가 귀금속 생산 중심지로 발전하는 과정은 경제학자에게 중요한 문제를 제기한다. 동종 생산자들이 한 지역에 모여 있으면 집적agglomeration의 이익이 창출될 수 있고, 이러한 집적의 이익은 더 많은 인적·물적 자원을 끌어들임으로써 집적의 이익을 보다 심화한다.

그런데 이러한 선순환은 과연 어떻게 시작되는 것일까? 자원을 그냥 모아놓는다고 해서 이러한 집적의 이익이 저절로 생겨나는 것은 아닐 텐데, 과연 어떤 조건이 갖추어지면 집적의 이익이 창출되고 심화되는 선순환이 작동하게 되는 것일까? 폴 크루그먼 Paul Krugman은 지리경제학을 재정립해서 경제학의 주류 영역으로 끌어들인 공로로 2008년에 노벨 경제학상을 받았는데, 집적의 이익에 대한 해명은 경제지리학의 핵심주제 중 하나이다. 그런 맥락에서 볼 때 지리경제학의 새로운 장을 연 것으로 평가되는『지리와 교역Geography and Trade』에서 크루그먼이 프로비던스의 귀금속 산업을 집적의 이익을 보여주는 대표적 사례로 언급한 것은 당연하다고 할 수 있다. 정치한 경제학 모형의 밑바탕에는 경제 현상의 본질을 꿰뚫는 직관이 자리 잡고 있는데, 역사적 지식과 안목은 이러한 직관이 자라날 수 있는 토양을 제공한다. 경제 정책의 수립과 집행이라고 해서 다르지는 않을 것이다.

한시노예

인간은 더 나은 삶을 위해 이주를 한다. 개인 차원에서 이루어지는 경우가 대부분이겠지만, 때로는 큰 강물처럼 많은 사람들이 참가한 역사적인 이동도 있다. 유럽으로부터 북미 대륙으로의 이주가 그중 하나인데, 특히 17세기 초엽부터 미국이 독립을 하는 18세기 말까지 이어진 초기 이민은 미국 건국에 매우 중요한 사건이다. 종교적·정치적인 다양한 동기가 작용했지만, 대부분의 사람들을 움직인 원초적인 힘은 인간의 경제적 욕구, 즉 더 나은 물질적 삶을 살고 싶다는 욕구였다.

이주, 특히 대륙을 건너는 경우는 많은 돈이 든다. 1700년경 영국에서 미국으로 대서양을 건너는 뱃삯은 당시 영국 1인당 소득의 절반에 해당하는 액수였다. 이처럼 큰돈을 마련하는 것은 쉬운 일이 아니었으며, 특히 새로운 삶을 간절히 바랐던 하층민에게는 저축도 담보 잡힐 재산도 없었기 때문에 더더욱 그러했다.

시장은 인신을 담보로 돈을 대부하는 제도를 마련해서 문제를 해결했다. 이주 희망자가 돈을 빌리는 대가로 대부자를 위해 일정 기간 동안 종servant으로 일하는 것이었다. 노동력 부족으로 시달리던 식민지의 농장주들은 적극적으로 이 제도를 통해 인력을 확보했다. 1970년대까지 우리나라에서 있었던 '식모'처럼 당시 영국에는 하층민 가정의 10대들이 중산층 집에 가서 하인으로 일하는 것이 보편화된 관습 중 하나였는데, 이것이 자연스럽게 확장된 것이었다.

이러한 방식으로 이주한 사람들을 흔히 한시노예限時奴隸, indentured servant라 불렀다. 다소 해석하기 어려운 이 명칭은 이주 희망자와 그들을 미국의 농장주에게 운송해 줄 상인이 작성한 계약서 양식에서 비롯되었다. 이주 희망자는 근무조건 등을 기록한 계약서를 법원에 가서 공증받음으로써 자신을 보호하고자 했다. 상인 역시 이주민이 자신이 납치된 것이라고 주장할 경우를 대비할 근거가 있어야 했다. 따라서 양측은 법원에 가서 계약서에 날인을 한 뒤, 서류를 찢어서 한 부를 법원에 보관하고 나머지를 각자 보관했는데, 찢은 자국indent으로 서류의 진실성을 확인했기 때문에 indentured servant란 말이 생겼다. 결국 계약에 의한 예속 관계라는 뜻인 셈이다.

상인은 이주 희망자들을 영국에서 미국으로 실어 나른 뒤에, 일정한 가격에 미국의 농장주들에게 판다. 농장주들은 약정한 기간 동안 이들을 일꾼으로 부린 뒤에, 정착금을 주고 해방시켰다. 평균 계약 기간은 4년이었는데, 젊거나 기술을 보유한 경우에는 더 좋은 조건을 보장받았다. 애벗 스미스Abbot Smith는 독립전쟁 이전까지 유럽으로부터 미국으로의 이주민 가운데 약 70% 정도가 한시노예로 미국 땅을 밟은 것으로 추산한다. 이것이 미국 건국의 인적 기초를 마련한 제도라 할 수 있다.

오늘날 민주사회에서 한시노예제와 같은 제도는 용인되지 않는다. 인신의 구속에 대한 계약은 불법이기 때문이다. 하지만 법의 사각지대에서는 이러한 일이 비일비재한데, 외국인 노동자가 주된 피해자라 할 수 있다. 교통 및 정보통신의 발달로 최근 국가 간 이주는 과거에 비해 매우 용이해졌지만, 비자 심사나 이민 규제 등은 이주 희망자에게 큰 장벽으로 작용한다. 이를 틈타 세계 곳곳에서 불법 이민조직들이 제도적 장벽을 제거해 주는 대가로 이주 희망자에게 거액의 수수료를 받거나, 이주 후 인신을 구속하고 착취하는 사례가 많이 들려온다.

불행하게도 우리나라 역시 외국인 노동자 문제에서 자유롭지 못하다. 2020년 현재 우리나라에서 일하는 외국인 노동자는 100만 명에 육박하고, 우리 경제의 한 축을 형성한 지 오래되었다. 물론 외국인 노동자를 무한정 받아들일 수는 없기 때문에 어느 정도 제도적 장벽은 불가피하고, 따라서 완전한 해결책을 마련하는 것은 불가능하다. 하지만 혹시라도 제도의 불투명성이나 자의적인 운용으로 인해 브로커나 불법 조직이 활개 쳐서는 안 되겠다. 21

세기 대한민국이 혹시라도 외국인 노동자들에게 불법적인 인신구속을 하는 일을 방치한 나라로 역사에 기록되지 않기를 바란다.

빚과 벌

돈을 빌려주는 사람이면 누구나 돈을 빌린 사람이 약속한 대로 돈을 다 갚을지를 걱정한다. 담보설정은 이러한 걱정을 덜기 위한 한 방편이다. 흔히 집이나 땅과 같은 부동산을 담보로 설정한 뒤, 채무자가 돈을 갚지 못하면 담보를 압류해서 받아야 할 돈을 회수한다. 문제는 갚아야 할 빚이 담보액을 초과하는 경우인데, 이때 채권자는 어떤 행동을 취할 수 있을까?

전근대 사회에서는 많은 경우 채무 불이행자를 노예로 삼는 것을 허용했다. 채권자가 채무자를 노예로 삼은 뒤 직접 일을 시키거나 팔아서 돈을 받아내는 것이 가능했다. 하지만 근대사회에 접어들면서 노예제도는 금지되었고 채무 불이행에 대한 처벌 역시 '인간적'인 방향으로 바뀌어 갔다. 미국의 역사는 이러한 변화를 매우 압축적이고 역동적으로 보여준다.

식민지 시절 미국에서 채무 불이행에 대한 가장 일상적인 조치는 채무자를 감옥에 가두는 것이었다. 투옥은 두 가지 의미를 갖는데, 하나는 계약 위반에 대한 처벌이다. 하지만 많은 경우 투옥은 채무자가 돈이 있는데도 갚지 않는다는 의심, 즉 감옥에 사람을 가두면 가족들이 어떻게든 돈을 마련해 올 것이라는 생각에서 이루어졌다.

그런데 사람을 감옥에 가두는 것은 많은 비용이 든다. 식민지 시기 혹은 건국 초기 미국의 지방정부는 매우 작고 재정도 보잘것없어서, 재소자들에게 음식을 제공할 돈이 없는 곳이 많았다. 채무 불이행자의 가족들은 감옥에 들어간 사람을 돌볼 돈이 없는 경우가 많아서, 채권자가 감옥에 가둔 채무자의 식비까지 대야 하는 웃지 못할 상황도 발생했다. 이 같은 열악한 조건 때문에 감옥에서 병을 얻거나 죽는 사람들이 생기자, 채무자를 투옥하는 일은 점차 사회적으로 큰 문제가 되었다. 결국 1820년경에는 거의 모든 주에서 채무 불이행자를 투옥하는 것을 법으로 금지했는데, 이는 인권신장이라는 면에서 매우 혁명적인 조치였다.

이보다 일보 전진된 큰 변화는 파산법의 도입, 즉 빚을 탕감해주고 새로운 출발을 하도록 보장해 주는 법을 마련한 것이었다. 미국 정부는 건국 초기부터 파산법을 마련하기 위해 노력했는데, 이것은 제헌의회가 헌법 1조 8절에 우연히도 연방 차원의 파산법을 마련해야 한다는 문구를 삽입했기 때문이다. 하지만 19세기 말까지도 파산법은 대개 한시적인 경우가 많았다. 불경기가 와서 채무 불이행자가 증가하면 구제 차원에서 파산법을 도입했다가 몇 년 후 상황이 좋아지면 폐지하는 일이 여러 차례 반복된 것이다. 항구적인 오늘날의 연방파산법이 도입된 것은 1898년에 이르러서였다.

이처럼 법 제정에 오랜 세월이 걸린 것은, 문제 자체의 난해함 때문이다. 돈을 빌리는 사람이 열심히 노력해서 돈을 갚도록 하려면, 채무 불이행 시 당할 처벌을 강하게 하는 것이 효과적일 수 있다. 하지만 채무자가 빌린 돈을 갚을 수 없는 상황이 되었을 경우, 원래 계획한 처벌을 집행하는 것보다는 차라리 일을 하게 해서 조금씩이라도 돈을 갚게 하는 것이 도움이 될 수 있기 때문이다. 문제는 채무자가 채무 불이행에 대한 처벌이 원래대로 집행되지 않을 것을 미리 예측한다면 돈을 갚기 위해 최선을 다하지 않을 수 있다는 점이다. 또 대부자가 이 같은 채무자의 도덕적 해이를 예측하면, 돈을 매우 조심스럽게 빌려주게 되기 때문에, 담보가 적은 사람이나 돈이 정말 필요한 사람이 돈을 빌릴 기회가 크게 줄어들 수 있다. 이러한 문제들을 동시에 해결하는 제도를 마련하는 것이 어렵기 때문에, 파산법을 제정하는 데 거의 한 세기가 걸렸을 뿐 아니라 오늘날까지도 개정이 계속되고 있다.

우리나라도 1990년대 말 외환위기를 거치면서 개인파산이 급속히 증가했고 관련 법령도 크게 변화했다. 궁극적으로는 경제 활성화를 통해 채무자들이 돈을 벌어서 갚을 기회를 주는 것이 가장 좋은 해결책이겠지만, 채권자와 파산자 모두를 보호할 수 있는 제도를 마련하는 데에도 더 많은 노력을 기울여야 하겠다.

파산, 어제와 오늘

「두 파산」은 염상섭이 1949년에 발표한 단편소설이다. 이 작품은 돈을 제대로 갚지 못해 경제적으로 망한 주인공 그리고 그들에게 돈을 빌려준 사람들의 도덕적 몰락을 두 개의 파산으로 지칭하면서, 과연 누가 정말 파산을 한 것일까라는 질문을 던지고 있다.

필자는 염상섭이 이 소설의 제목에서 '파산'이라는 단어를 그냥 망했다는 의미로 쓴 점에 주목한다. 소설의 내용은 법률 용어로서의 파산이 지닌 뜻과는 매우 다르기 때문이다. 어떤 사람이 채무가 있을 때 그 규모가 너무 커서 도저히 갚을 수가 없다면 채무자는 법원에 파산 신청을 해서 빚을 탕감받을 수 있는데, 이것이 법적인 의미에서의 파산이다. 소설 안에서는 이러한 개념의 흔적을 전혀 발견할 수 없다.

이것은 염상섭이 파산이라는 용어의 법률적 의미를 머릿속에 가지고 있지 않았기 때문이라고 생각한다. 파산이라는 제도는 당시에는 그저 법률 속에만 존재하는 제도에 가까웠기 때문에, 이 점은 어쩌면 너무나 당연하다. 이 점을 이해하기 위해서는 파산 제도가 우리나라에 어떻게 도입되고 활용되어 왔는지를 간단히 되짚어 볼 필요가 있다.

빚을 갚을 능력에 비해 빚이 너무 많은 채무자의 빚을 국가가 탕감하는 제도로서의 파산은 역사가 매우 오래되었다. 하지만 오늘날 우리가 활용하는 파산 제도는 근대 사회의 산물이다. 우리나라에는 근대적 파산 제도가 1910년대에 처음 도입된다. 일본의 민법이 우리나라에 적용되기 시작하면서, 일본 민법 안에 들어 있던 이 제도가 적용되었다.

일본의 민법이 전범으로 삼았던 파산 제도는 독일과 오스트리아의 제도였다. 이는 역설적이게도 '파산을 인정하지 않는 파산 제도'였다. 채무자가 빚을 갚지 못할 경우, 채권자들과 '화의'를 통해 빚을 갚을 수 있는 수준으로 조정을 한 뒤 그 액수를 갚도록 했기 때문이다. 이러한 제도는 기본적으로 계약의 준수를 중요하게 생각하는 관점에 기반한 것이다. 즉 채무자가 계약을 위반하여 빚을 갚지 않는 것을 정부가 용인하는 것이 아니라, 양자의 합의를 통해 계약 내용을 조정한 뒤 그것을 끝까지 이행하도록 하는 접근을 취했다.

이처럼 파산에 부정적인 제도하에서, 그리고 빚을 안 갚아도 된다는 제도 자체가 낯선 상황에서 파산 제도가 활발하게 이용되었을 리가 없다. 식민지 기간 동안 파산 산청 건수는 연간 50여 건에 지나지 않았다. 물론 파산 신청이 낮았던 것을 단순히 제도에 대한 무지 탓으로 돌릴 수는 없다. 당시에 채무 불이행 상태에 빠진 사람들이 가장 많이 사용했던 방식은 파산을 통한 채무 탕감보다는 도주였다. 또한 채권자 역시 채무자가 빚을 못 갚을 경우 계약위반 또는 사기로 고발을 하는 것이 일반적이었다. 돈을 빌려주는 측이 은행이 아니라 개인들일 경우, 자신의 귀중한 돈을 갚지 않은 사람을 너그러이 놓아주는 일이 흔치 않은 것은 당연하였다.

이러한 상황은 해방 이후에도 크게 변하지 않았다. 1962년에 파산법이 제정되었는데, 이 법은 식민지기 법보다는 파산에 대해 보다 우호적인 내용을 담고 있다. 하지만 파산 제도의 활용은 식민지기 수준과 크게 다르지 않았다. 여전히 채권자는 돈을 못 갚는 채무자를 사기죄로 고소했고, 많은 채무자들이 야반도주를 했다.

파산이 법전 속의 개념에 머물지 않고 일상생활 속으로 들어오게 된 것은 1990년대 말부터였다. 우선 1980년대부터 정부가 소비자 금융을 폭넓게 허용하였다. 1970년대만 하더라도 경제개발에 필요한 재원이 부족했기 때문에, 정부는 은행의 모든 예금을 기업에게 대부하고자 했으며, '비생산적'인 소비자금융은 최대한 억제하였다. 하지만 경제가 발전하게 되면서 정부는 소비자에 대한 은행의 대출을 점차 허용하기 시작하였다. 아울러 신용카드 등 다양한 소비자 금융이 확산되었다. 그 결과 가계가 지는 부채의 규모가 점차 증대하였다.

이러한 조건 속에서 파산을 급격히 늘렸던 촉매는 1997년 외환위기, 그리고 2003년 카드대란이었다. 1990년대 말 수백, 수천 건 수준으로 파산신청이 증가하던 것이 2003년을 전후해서는 개인파산과 회생을 합해 연간 10만 건이 넘는 수준으로까지 폭발적으로 늘어났다. 변호사 사무실이 밀집한 서초동 일대에서는 '파산 변호사' 광고나 전단지를 흔히 볼 수 있는 시대가 되었다. 이 시점에 와서 우리나라 사람들은 드디어 '망했다'와 '파산'을 명확하게 구분할 수 있게 되지 않았나 생각한다.

현재 우리나라의 개인파산 제도는 기존의 법을 고치고 새로운 내용을 추가하여 2006년 제정한 '채무자회생 및 파산에 관한 법률'에 기초하고 있다. 이 법에 따르면 빚을 갚을 능력이 없는 사람은 파산이나 회생 중 하나를 선택하여 법원에 신청할 수 있다. 파산을 인가받으면, 신청자는 빚을 모두 탕감받는다. 회생의 경우, 신청자는 약 3~5년의 기간 동안 빚의 일정 부분을 조금씩 갚은 뒤, 이것을 성실히 이행했을 때 채무를 면제받는다.

이 법의 제정 과정은 매우 복잡하고 쉽지 않았다. 기본적으로 파산은 사회보장적 성격을 가지고 있다. 어떤 채무자가 빚을 갚을 수 없는 상황에 처했을 때, 그 사람이 평생토록 갚을 수도 없는 빚에 짓눌려 살게 하는 것이 비인간적이라는 생각을 바탕으로 한다. 아울러 경제적 효율성에 대한 고민도 반영되어 있다. 사업을 하다 보면 실패를 하고 적지 않은 빚을 떠안을 수 있는데, 그 실패가 평생을 따라가야 한다면 감히 사업을 할 용기를 내기 어려울 것이다.

이것은 국가경제적으로도 큰 손해이다. 파산 제도는 많은 잠재적 기업가들이 위험을 기꺼이 감수하도록 함으로써 경제발전을 촉진하려는 의도를 동시에 갖고 있다.

하지만 어떤 채권자도 자신의 돈을 쉽게 포기할 수 없다. 그리고 너무 관대한 파산 제도가 도입이 되면, 돈을 가진 사람이 돈을 빌려주지 않아서 오히려 돈을 빌리려는 사람에게 피해를 줄 수 있다는 점도 고려해야 한다. 아울러 모든 파산신청자를 '선량한' 사람으로 보는 것 역시 비현실적이다.

이런 이유 때문에 파산 제도를 제대로 운영하려면 많은 실증 연구가 필요하다. 누가 파산을 신청하는지, 파산의 원인이 무엇인지, 파산이나 회생을 통해 면책이 될 경우 이 사람들의 삶은 어떻게 달라지는지, 그리고 법원을 통한 파산과 다른 종류의 채무조정 제도들이 서로 어떻게 다른 결과를 가져오는지에 대해서는 면밀한 자료의 수집과 분석이 있어야 한다. 하지만 이러한 사회적 필요에 비해 실증 분석은 매우 제한적으로 이루어지고 있다. 많은 정책기구가 개인정보 보호라는 테두리를 헤치지 않는 범위 내에서 더 많은 실증연구를 수행해야 한다. 이러한 객관적 근거가 축적될 때, 파산 제도를 보다 합리적인 방향으로 발전시켜 나갈 수 있을 것이다.[*]

---

[*] 이 글은 김두얼·최준규, "Personal Bankruptcy and Rehabilitation in Korea", KDI 국제컨퍼런스 〈가계부채의 주요문제와 대응방안: 국제적 관점의 조명〉(2015.7.10)의 발표문에 기초하였다.

회사 제도

기업과 회사는 일상생활에서 흔히 통용되는 단어이다. 하지만 법적으로나 학문적으로 이 두 단어는 명확히 다른 의미를 지닌다. 우선 경제학, 특히 일반균형이론에서 기업企業, firm이란 생산의 기본 단위를 지칭한다. 어떤 농부가 혼자 농사를 짓건, 수만 명의 사람이 협력해서 반도체를 만들건, 재화나 용역을 생산하는 개별 단위라는 측면에서 이들은 모두 한 개의 기업으로 취급된다. 이에 비해 회사會社는 법적인 개념이다. 우리나라 상법은 법인法人 가운데 영리를 목적으로 하는 것들을 회사라고 정의한다. 결국 회사는 기업의 부분집합이며, 국가가 어떤 기업에 대해 법인격을 부여해야만 회사가 탄생할 수 있다는 점에서 국가의 존재를 전제한다.

전근대 사회 혹은 초기 근대국가에서는 법인격의 부여가 허가사항이었고, 이러한 허가는 대개 독점권과 같은 특권과 연결되었다. 예컨대 영국의 동인도 회사는 영국 정부가 미 대륙과 관련된 사업에 대해 독점권을 인정한 회사로서 설립되었다. 하지만 오늘날의 국가는 대부분 회사의 설립 요건을 법에 명시하고, 이러한 요건을 갖춘 모든 집단에 대해 법인격을 부여하는 등록제를 실시한다. 미국은 이러한 변화가 가장 빨리 이루어진 나라 중 하나였다. 18세기 말 영국으로부터 독립한 이후 19세기 초까지도 회사, 즉 코퍼레이션corporation의 설립을 위해서는 각 주 의회의 승인이 필요했지만, 1850년경이 되면 대부분의 주에서 등록만 하면 회사를 설립할 수 있도록 제도가 바뀐다. 이러한 제도적 기반이 미국의 경제 성장에 어떻게 작용했는지에 대해서는 다양한 연구가 진행 중이다.

우리나라에서는, 개항기 이전에 회사의 전신이라고 말할 수 있는 제도가 있었는지 여부는 불분명하다. 육의전이나 보부상 혹은 공인과 같은 상인 혹은 상인집단에게 정부가 어떤 물품을 독점적으로 판매할 수 있도록 하는 특권을 부여하긴 했으나, 이것이 과연 법인격 부여를 동반했는지는 명확하지 않기 때문이다. 이 문제는 궁극적으로는 코퍼레이션이 무엇인가라는, 서유럽 사회와 우리나라 혹은 동양 사회 간의 사회 구조 차이라는 본질적인 주제와 맞닿아 있는데, 향후 심도 있는 비교사적 연구가 필요한 주제이다.

19세기 말 개항기에 들어서면 본격적으로 우리 사회에 서구의 회사 제도가 소개되기 시작한다. 1883년 《한성순보》에 게재된 「회사설會社說」은 회사조직에 대한 상세한 소개를 담은 최초의 문건으로 알려져 있다. 하지만 앞서 정의에 합당한 회사, 즉 회사법에 근거한 영리법인의 등장은 1910년에야 나타난다. 1880년대부터 1910년까지 우리나라에는 '사社', '회會', 또는 '회사會社'라는 명칭을 가진 다양한 기업이 등장하는데, 이들은 대개 정부가 직접 설립하거나 정부 관료가 정부 지원을 받아 운영한 특권회사였다. 학자에 따라서는 이들을 오늘날과 같은 근대적 회사의 등장으로 해석하기도 하지만, 근대적 회사법에 근거했는지 여부라는 기준에서 보면 전사前史 정도로 보는 것이 타당할 것이다.

결국 회사법에 기반한 근대적 회사 제도가 한반도에 출현한 것은 일본이 우리나라를 합병하고 1910년에 회사령會社令을 실시하면서부터이다. 1920년까지 지속된 회사령 자체는 사실 하나의 특별법일 뿐이시만, 이 법은 일본의 회사법을 진제로 몇 기지 규제를 가한 것이기 때문에 사실상 일본 회사법의 실시라고 볼 수 있으며, 일본 회사법은 오늘날 우리나라 회사법의 모체를 이루게 된다.

식민지 기간 동안 회사 수는 크게 늘어났다. 총독부가 회사령에 근거해서 회사 수를 통제하던 기간 동안에는 200개 남짓 수준이었지만, 1918년에 회사령이 사실상 철폐된 이후에는 회사 설립이 급격히 증가하여 1942년에는 6,300여 개에 이르렀다(그림 5-1 참조). 관보 등의 자료에는 대주주들의 명단이 제시되어 있기 때문에 회사의 민족별 소유 여부를 파악할 수 있는데, 조선인 소유 회사의 비중이 크게 증가하는 양상을 볼 수 있다. 1910년대에는 조선인 회사의 비율이 10% 안팎이었지만 1930년대 후반에 이르면 전체 회사 중 40%가 조선인이 주축으로 설립된 회사로 나타난다.

그림 5-1_ 식민지기 회사 수와 남한 지역 회사 비율(1910~1942년)

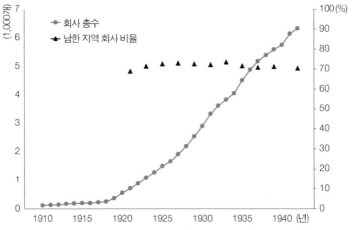

자료: 조선총독부, 『조선총독부통계연보』; 동아경제시보사 편, 『조선은행회사조합요록』.

물론 대규모 기업들은 일본인 기업 혹은 일본 본사 기업의 지사이
고 자본금 규모 면에서도 비교할 수가 없지만, 조선인 회사들의 평
균자본금 규모도 빠른 속도로 증가했기 때문에 조선인 기업의 존
재를 단순히 무시해 버릴 만한 것은 아니었다.

아울러 이 회사들의 지리적 분포 양상 역시 재미있다. 그림
5-1에 보이는 것과 같이 식민지기 동안 전체 회사 가운데 70%가
남한 지역에 본사를 두고 있었다. 이는 경제적인 측면에서 볼 때
식민지기 동안 북한 지역이 남한 지역보다 더 근대화되었다는 기
존의 이미지와는 매우 다른 양상이다. 이에 대해서는 식민지기 경
제의 이해를 위해서나 해방 후의 경제 추이를 이해하기 위해 더
많은 연구가 이루어질 필요가 있다.

해방 이후 회사 제도는 급속도로 확산되었고, 오늘날 우리 경제 활동의 기초를 이루는 제도로 자리 잡았다. 하지만 회사 제도가 오늘날 기업활동에 적절한 제도적 틀을 제공하는지에 대해서는 많은 문제가 제기되고 있다. 예를 들어 회사법에서는 회사 설립의 목적 등 특성에 따라 선택할 수 있도록 주식회사, 합명회사, 합자회사, 유한회사 등 다양한 형태를 제공하고 있다. 그러나 2007년 기준 우리나라에 존재하는 회사는 90% 이상이 주식회사이며, 이러한 쏠림 현상은 1960~1970년대가 되면 이미 명확하게 나타난다. 과연 주식회사라는 제도가 다양한 기업활동을 모두 다 잘 지원해 주기 때문에 이런 양상이 나타난 것인지, 아니면 보다 적절한 틀이 제공되지 못해서 이런 양상이 불가피하게 나타났는지 여부가 논란거리이다

재미있는 것은 식민지기에는 회사 형태가 훨씬 다양했다는 사실이다. 주식회사의 비율은 높을 때는 60%, 낮을 때는 20% 수준이며, 합자회사처럼 다른 형태의 회사들도 골고루 분포하고 있었다. 왜 식민지기에는 소유형태가 이렇게 다양했는지, 그러다가 해방 이후에는 왜 주식회사가 지배적인 형태로 등장하게 되었는지를 분석해 본다면, 회사 제도에 대한 이해 심화에도 많은 도움이 될 것이다. 향후 회사 제도에 대한 다양한 제도사적 연구가 이루어져서, 경제성장의 제도적 기반 마련에 기여하게 되기를 기대한다.[*]

[*]   이 글은 김두얼, 『한국경제사의 재해석』(해남, 2017), 제3장에 기초하였다.

제6부

재산권과 사법

"소송기간 증대를 막기 위해 법원에 적정 수준의
자원을 할당하는 것은 반드시 이루어져야 할 일로
판단된다. 분쟁 해결을 위해 소모해야 하는 시간의
증대는 국민이 경제활동에 전념하지 못하도록
함으로써 생산을 위축시키기 때문이다. 분쟁의
효과적 해결은 전통적인 사법정의 실현이라는
의미를 넘어 경제성장의 촉진에도 매우 중요하다."

－「분쟁, 소송 그리고 경제성장」 중에서

민둥산

파평 윤씨와 청송 심씨 두 문중 간에 400년 동안 이어져 온 묏자리
다툼이 종결되었다는 소식이 2008년 보도되었다. 조상의 묏자리
를 지키기 위해 목숨까지 바쳐가며 싸웠던 이 두 명문가의 사연은,
조선 후기에 벌어졌던 묏자리 다툼들이 얼마나 치열했었는지를
보여주는 단적인 사례이다.

흔히 산송山訟이라 부르는 묏자리 다툼은 조선 후기를 특징짓
는 중요한 사회현상이다. 이 시기에 산송이 빈번했던 것은 1차적
으로는 주자학이 사회적 이념으로 정착된 데서 비롯되었다. 문중
의 중요성이 강화되고 조상에 대한 제사가 사회질서의 중심에 자
리 잡으면서, 조상의 묏자리를 잘 쓰려는 욕구가 증대했기 때문이
다. 하지만 좋은 묏자리란 한정되어 있어, 이 자리를 확보하려는
경쟁은 때로는 큰 다툼으로 번졌고, 소송으로까지 비화되었다.

그런데 조선 후기에 산송이 급증하게 된 데에는 이 같은 윤리적·이념적 동기 외에도 경제적 이해가 크게 작용했다. 이 점을 이해하기 위해서는 조선시대의 토지제도와 이것이 경제에 미친 영향을 잠시 살펴볼 필요가 있다.

조선시대는 왕토 사상이 지배하는 시기였다. "천하의 땅 중 왕의 것이 아닌 곳이 없다普天之下 莫非王土"라는 말에서 잘 나타나듯, 국토는 본원적으로 왕의 소유로 인식되었으며, 산림에 대한 백성들의 배타적 소유권은 인정되지 않았다.

그 대신 백성들은 산에서 나는 나무 등을 누구나 필요한 만큼 가져다 쓸 수 있었다. 흔히 무주공산無主空山이라고 일컬어지는 이 같은 공유지 체제는 인구가 상대적으로 적을 때에는 별문제 없이 작동할 수 있다. 하지만 인구가 증가할 경우 경제학에서 흔히 '공유지의 비극Tragedy of the Commons'이라는 현상을 초래한다. 공유 삼림을 이용하는 개인들은 이 자원이 자연적으로 회복될 수 있는 적정 수준만큼만 소비하도록 절제할 유인이 없기 때문에, 사회적 적정량보다 더 많이 사용하게 되고 그 결과 산림이 황폐화한다는 것이다.

조선 후기는 장기적인 인구 증가로 인해 주택건축이나 땔감 등 나무에 대한 수요가 크게 증가하는 시기였고, 나무를 확보하려는 경쟁이 매우 치열하게 이루어졌다. 그 결과 조선 후기 역사에는 점차 목재 부족이 심각해졌다는 흔적이 곳곳에 나타난다. 우선 18세기 초부터 19세기 말까지 지속적으로 땔감 가격이 상승했다는 증거가 발견되고 있다. 또 19세기에는 집 지을 때 사용할 좋은 목재가 부족해지자, 굽은 나무로 보나 기둥을 만들어 건물을 짓는 기법이 발달하였다.

생태계의 변화 역시 산림 황폐화를 시사하고 있다. 『조선왕조실록』을 살펴보면 19세기에 들어서면서 호랑이로 인한 피해, 즉 호환虎患에 대한 기록이 급격하게 줄어든다. 호랑이 한 마리가 살아가려면 먹이를 공급하는 상당히 큰 규모의 숲이 필요한데, 산림 황폐화에 따라 이러한 환경이 줄어들었기 때문이다. 흔히 20세기에 들어서서 우리나라의 호랑이가 사라진 원인으로 남획이 지적되곤 하지만, 장기적인 산림 감소가 더 근본적인 원인으로 작용했던 것으로 보인다.

그런데 앞서 언급한 주자학적 세계관의 확립과 제사봉공은 이러한 무주공산이라는 사회원리에 틈을 만드는 단초였다. 어떤 사람이 산에 조상의 묘를 쓰면, 묘지가 경건하게 유지되도록 하기 위해 국가는 묘를 둘러싼 일정 면적에 대해서는 다른 이들이 묘를 쓰지 못하게 하였다. 아울러 묘를 품위 있게 유지하는 데 필요한 공간 내에 있는 나무 등에 대해서도 아무나 함부로 손대지 못하도록 하였다.

이러한 관행은 묏자리를 소유한 문중이 선산의 산림에 대해 일종의 소유권을 주장하는 근거로 발전하였다. 한 집안이 선산에다가 집안 어른들을 모두 모실 경우 그 산의 상당한 면적에 대해 권리를 주장할 수도 있었을 것이기 때문이다. 따라서 묏자리를 통해 산림자원에 대한 소유권을 확보하려는 다툼은 더욱 치열해질 수밖에 없었으며, 산송의 확대는 필연적 귀결이었던 셈이다.

만일 자생적으로 확산되던 산림에 대한 소유권이 더 일반화되고 국가가 규칙을 만들어 이것을 폭넓게 용인했다면, 소득 재분배 문제는 있을 수 있지만 산림 황폐화는 어느 정도 통제되었을 수 있다. 하지만 국가는 묘역에 대한 제한된 권리는 인정하면서도 백성들이 양반의 선산에 들어가서 땔감을 마련하는 행위 등은 백성들의 권리라는 입장을 고수했다. 결국 묏자리는 산림에 대한 소유권 성장의 계기로 작동했으나, 배타적 소유권 제도의 전폭적인 발전으로까지 나아가지는 못했다.

그리하여 무주공산 체제는 산림을 심가한 수준으로 황폐화시켰다. 19세기 말 우리나라를 방문했던 이사벨라 버드 비숍은 기행문을 쓰면서 우리의 산천을 언급할 때 항상 "매우 헐벗었다"라는 묘사를 달았다. 비슷한 시기에 우리나라를 방문한 외국인들 역시 벌거숭이산에 대한 많은 기록을 남기고 있는데, 이것은 바로 지속적인 남벌의 파괴적 결과였던 셈이다.

산림 황폐화는 대규모 기근이나 물난리 등과 같은 재난을 초래하는 것으로 알려져 있다. 19세기 중반 무렵부터 조선 왕조는 경제면에서 위기의 징후가 있었는데, 이러한 현상은 산림 황폐화와 상승작용을 일으켰다. 인구 증가에 따른 목재 수요와 농토를 확장하기 위한 개간은 산림 황폐화를 심화했고, 이것이 토질을 악화시키고 홍수피해를 증폭시킴으로써 생산성을 떨어뜨렸다. 낮은 생산성을 만회하기 위한 농지확장 노력은 산림을 더욱 황폐하게 함으로써 악순환을 초래하였다.

현재 우리나라의 산은 울창한 수풀로 뒤덮여 있다. 이것은 산림의 중요성을 인식하고 환경과 생산 간의 악순환을 끊기 위해 국민과 정부가 오랜 기간 동안 합심해서 노력한 결과이다. 이에 비해 북한의 산림은 매우 헐벗은 것으로 전해진다. 1990년대부터 발생하는 대규모 기근과 물난리 등은 땔감 확보나 농토 확장을 위해 산림을 훼손한 것과 밀접한 관련이 있는 것으로 추정되는데, 그 메커니즘이 19세기 우리 역사의 환영을 보는 것 같아 씁쓸하다. 아무쪼록 한반도 전체가 푸른 산림으로 우거질 날이 빨리 다가오길 기대해 본다.[*]

---

[*] 이 글은 이우연, 『한국의 산림 소유제도와 정책의 역사, 1600~1987』(일조각, 2010)에 상당 부분 근거하였다.

분쟁, 소송 그리고 경제성장

경제가 성장한다는 깃은 개별 경제 주체들이 수행하는 거래의 빈도나 규모가 증대함을 의미한다. 그런데 이러한 변화가 가져다주는 물질적 풍요를 누리는 데에서 감수해야 할 비용이 분쟁에 휘말릴 가능성의 증대이다. 구매한 물건의 품질이 계약과 다르다거나 집을 짓는 데 이웃 건물의 일조권이 침해되는지 여부 등이 흔히 발생하는 분쟁의 사례라고 할 수 있다. 분쟁 당사자들은 직접 협상을 통해 문제를 해결하기도 하지만, 여의치 않을 경우 제3자의 판단을 요청하게 된다. 이때 개인이나 사적 단체보다 국가 혹은 사법부가 일반적으로 선택되는 것은 국가가 상대적으로 객관적 위치에서 판단을 내릴 수 있다는 믿음 그리고 정부는 공권력을 통해 결정 사항을 집행할 수 있다는 사실에 기인한다.

흔히 우리의 전근대 사회에서는 소송을 터부시한 것으로 인식

그림 6-1_ 민사소송과 형사소송(1910~2018년)

자료: 조선총독부, 『조선총독부통계연보』; 법원행정처, 『사법 연감』(각 연도).

되어 왔으며, 막스 베버 등과 같은 학자는 동양사회 일반을 형법만
있을 뿐 민법은 존재하지 않는 사회로 파악했다고 알려져 있다. 하
지만 조선 후기의 법제사에 대한 최근 연구들은 이러한 일반화가
실상과는 상당히 거리가 있음을 보여준다. 특히 상속이나 묘지터
등과 관련해서 소송이 많이 일어났다는 연구 결과가 제시되었는
데, 민사소송 일반의 양상과 관련해서는 아직도 더 많은 연구가 이
루어질 필요가 있다.

이에 비해 조선총독부가 오늘날과 같은 사법제도를 도입하고
관련 통계를 제공하기 시작한 1910년 이후에 대해서는 비교적 상
세한 파악이 가능하다. 그림 6-1은 1910년부터 2018년까지 약

100년 동안의 민사소송 추이를 보여준 것인데, 가장 주목할 만한 것은 1980년을 전후로 한 변화이다. 1910년부터 1970년대 후반까지 대략 3~6만 건 수준을 유지하던 것이 1980년을 전후로 한 시기부터 10만 건을 넘어서서, 2006년에는 120만 건에 이르렀다. 인구 대비 사건 수를 계산해 보면 1910년부터 1980년까지는 대략 인구 1,000명당 두 건 수준이던 것이 1980년부터 크게 증가하여 2006년에 와서는 1,000명당 25건에 이르렀다. 형사사건의 경우 1910년부터 오늘날까지 특별한 구조적 변화 없이 완만한 증가세를 보인다는 점과 비교해 볼 때, 1980년을 전후로 한 민사사건의 급증은 주목할 만한 현상이다.

그동안 많은 학자들과 정책 입안자들은 지난 30년간의 민사소송 증가를 국민 의식 변화의 결과로 설명하였다. 즉 근대화로 인해 전통사회의 분쟁 해결방식이 더는 작동하지 않게 되고 국민의 의식이 변화함에 따라, 사소한 분쟁에 대해서도 법원을 찾게 되어 소송이 증가했다는 것이다. 하지만 이러한 가설은 경제가 성장함에 따라 소송으로 처리해야 할 수준의 분쟁 자체가 증가해 왔다는 사실을 제대로 파악하지 못한 오류를 범하고 있다. 민사소송의 평균소송가액(원고가 소송을 제기한 액수) 추이는 이러한 문제를 극명하게 보여준다. 1980년에서 2006년까지 실질 평균소송가액을 보면 소액심판의 경우 9배, 단독심은 7배, 합의심은 10배가량 증가했다. 심급별 분포에도 나타나듯이 이러한 평균소송가액의 증가는 단순히 몇몇 초고액 소송의 증가 때문이 아니라 소송가액의 전반적 상

승에 따른 결과였다. 결국 현재의 민사소송 증가는 다른 방식으로
도 해결될 수 있었을 사소한 사건들이 소송을 통해 해결되는 과정
에서 나타난 현상이 아닌, 경제성장에 따른 분쟁 증가의 필연적 결
과라고 보는 것이 타당할 것이다.

이러한 민사소송의 장기적 변화에 대한 파악은 학술적으로뿐
아니라 사법 관련 정책수립에 중요한 시사점을 제공한다. 예를 들
어 소송의 급증이 사소한 소송 증가 때문이라고 처방한 학자들은
법원보다는 분쟁을 손쉽고 저렴하게 처리할 수 있는 대체적 분쟁
해결제도Alternative Dispute Resolution: ADR를 활성화함으로써 소송
증가에 대응해야 한다고 주장한다. 하지만 앞서 살펴본 소송가액
의 증가 추이는 소송 증가를 주도한 분쟁들이 대체적 분쟁해결제
도로 처리하기에는 적절하지 않음을 시사한다. 오히려 소송의 전
반적 고액화는 분쟁해결과 관련해서 정부가 사용 가능한 자원을
ADR 등으로 분산시키기보다는 법원에 집중하는 것이 필요하다는
것을 보여준다.

이처럼 지난 30년간 법원이 담당해야 할 사건이 증대했음에도
소송을 담당해야 할 판사 인력은 그에 걸맞게 증대되지 못했다. 예
를 들어 민사소송만 보더라도 1980년부터 2006년까지 10배가
증가했고 사건들은 훨씬 복잡해져 왔는데, 판사 정원은 같은 기간
동안 640명에서 2,400여 명으로 4배밖에 증가하지 못했기 때문
이다. 이러한 격차는 판사당 업무부담 과중과 처리지연으로 나타
났다. 1심 본안사건의 소송처리기간을 살펴보면 1980년부터

그림 6-2_ 민사1심사건의 소송기간(1980~2018년)

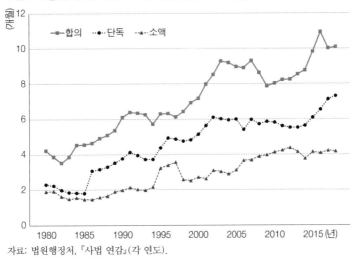

자료: 법원행정처, 『사법 연감』(각 연도).

2006년까지 26년 동안 평균 2개월에서 4개월로 2배가량 증가했고, 이후로도 계속 상승해 왔다.

이러한 소송기간 증가는 주로 민사소송의 소송기간 증가에 따른 것인데, 그림 6-2는 합의, 단독, 소액심 모두 처리기간이 2배가량 증가했음을 보여준다. 민사소송법 제199조는 5개월을 소송처리 상한으로 설정하고 있으나, 2018년 현재 합의심 사건은 평균 처리기간이 10개월, 단독심 사건은 7개월을 넘어섰다. 심지어 소액사건의 경우에도 처리기간은 4개월에 이른다.

과연 소송기간의 장기화에 따른 사회적 비용은 얼마인지, 소송기간은 어느 정도가 적정하며 이에 맞추려면 법원 인력이 얼마나 충원되어야 하는지 여부는 향후 정책 입안자들이 심도 있게 논의해야 할 사항이다. 하지만 이 이상의 소송기간 증대를 막기 위해 법원에 적정 수준의 자원을 할당하는 것은 반드시 이루어져야 할 일로 판단된다. 분쟁 해결을 위해 소모해야 하는 시간의 증대는 국민이 경제활동에 전념하지 못하도록 함으로써 생산을 위축시키기 때문이다. 나아가 분쟁이 공정하고 신속하게 처리될 수 있다는 기대는 경제주체 간의 계약을 활성화하는 기초를 이루는데, 소송기간의 장기화는 이러한 기반을 약화시킬 가능성도 있다. 이런 점에서 분쟁의 효과적 해결은 전통적인 사법정의 실현이라는 의미를 넘어 경제성장의 촉진에도 매우 중요하다. 최근 법질서 확립이 경제성장의 중요한 기초라는 인식이 확산되고 있다. 하지만 이러한 논의들이 분쟁 자체의 존재를 인정하고 이를 효과적으로 해결하는 근본대책 마련보다는 사후적 혹은 형식적 준법 측면에 초점을 맞추는 경향이 있어 안타깝다. 향후 좀 더 생산적인 방향으로 논의가 심화되고 정책이 입안되길 기대한다.[*]

---

[*] 이 글은 김두얼, 『경제성장과 사법정책』(해남, 2011), 제1·2장에 기초하였다.

법원의 살림살이

어떤 조직이건 자체 운영을 담당하는 내부 기구가 있다. 정부도 마찬가지이다. 국회사무처는 국회의 살림살이를 책임진다. 행정부의 경우 행정안전부가 유사한 기능을 수행한다.

법원행정처는 대법원 혹은 사법부의 살림을 담당한다. 그리고 매년 업무를 결산하는 보고서인 『사법연감』을 9월경에 발간한다. 여기에는 한 해 동안 법원이 사건을 얼마나 접수하고 처리했는지, 그리고 이를 위해 법원이 얼마만큼의 예산과 인력을 어떻게 활용했는지에 대해 상세한 정보가 수록되어 있다.

중요한 자료임에도, 이 자료에 관심을 기울이는 사람들은 얼마 되지 않는다. 언론에서도 법원행정처가 준비한 보도자료를 짤막하게 전달할 뿐, 이 연차보고서가 담은 정말 중요한 내용을 차분히 분석하고 보도하는 경우는 흔하지 않다. '정말 중요한 내용'이란 가장 기본적인 부분, 즉 법원의 일상적인 살림살이에 관한 내용이다.

법원이 처리하는 업무의 기본 단위는 사건이다. 2018년 9월 발간된 『사법연감』에 따르면, 2017년에 우리나라 법원에는 1,807만 건의 사건이 접수되었다. 법원에서는 이 가운데 우리가 흔히 '소송'이라고 부르는 사건을 '본안사건'이라고 분류하는데, 그해 우리나라 법원에 접수된 1심 본안사건은 약 135만 건이다. 이 본안사건 수는 연도별로 다소 차이는 있지만 지난 10여 년 동안 100만 건 안팎의 규모로 지속되고 있다.

문제는 이 사건들을 다루는 판사 인력이 충분한지 여부이다. 2017년 말 기준으로 우리나라 법원에는 판사가 2,900명가량 근무하고 있다. 연수라거나 행정 업무를 담당하는 판사를 제외하면 실제로는 이 가운데 90% 정도가 일선에서 사건 처리를 담당하는 인력이라고 할 수 있다. 이것은 판사 한 명이 1년에 처리해야 하는 소송사건 수가 평균 600건에 육박함을 의미한다. 소송가액이 3,000만 원 미만인 소액심판사건 77만 건을 제외하더라도 1인당 사건 수는 평균 300건 수준이다. 상대적으로 중요한 사건의 경우는 판사 세 명이 합의심을 통해 처리한다는 점, 그리고 파산처럼 소송 이외 사건이나 행정 업무 등을 담당해야 한다는 점을 고려하면, 판사들은 업무일 기준으로 하루 평균 한 건 이상의 사건을 처리해야 한다.

이러한 엄청난 사건 부담은 일시적인 현상이 아니라, 수십 년 동안 누적되고 악화되어 온 문제이다. 이것은 보이지 않는 여러 가지 부작용을 야기해 왔으며, 때로는 심각한 방식으로 폭발하기도 했다. 몇 년 전 한 젊고 유능한 판사가 과로사를 한 경우가 대표적이다.

판사들의 과중한 업무 부담은 판사에게뿐 아니라 국민에게도 악영향을 미친다. 민사사건을 처리하는 데 걸리는 평균 처리기간은 20여 년 전에 비해 2배 가까운 수준으로 높아졌다. 민사소송에 대한 항소율 역시 꾸준히 증가하는 추세이다. 국민이 누리는 사법 서비스의 질이 저하되는 추세라는 뜻이다.

이 문제는 판사에게 더 열심히 일하라고 독려하거나 더 사명감을 가지라고 질책한다고 해서 해결될 수 있는 성질의 것이 아니다. 법원도 현새의 예산과 인력을 보다 효율적으로 사용하기 위해 노력해야 하겠지만, 국회와 행정부 역시 문제의 심각성을 인식하고 충분한 인력을 확보할 수 있도록 예산을 할당하는 것이 절실하다. 그리고 그 전제라고 할 수 있는 판사정원법 개정을 통해 판사 인력을 늘리는 작업이 추진되어야 한다.

국민의 주목을 받는 유명 정치 사건이나 주요 경제 사건을 공정하게 처리하는 것은 매우 중요하다. 하지만 법원을 이용하는 대부분의 국민이 제대로 된 재판을 받을 수 있도록 하는 것이야말로 법원 업무의 기본이다. 기본을 바로 세우는 의지와 실천이 어느 때보다도 필요한 시점이다. 세상이 혼란스럽기에 더더욱 그렇다.

골프장 부지를 마련하는 두 가지 방법

어떤 사업자가 수도권 지역에 골프장을 만든다고 하자. 골프장 건설에는 넓은 면적의 땅을 확보하는 것이 필수적이기 때문에, 사업자가 가장 먼저 고려해야 할 문제는 토지매입이다. 우리나라의 경우 해당 사업자가 토지를 확보하는 데에는 두 가지 방법이 있다.

첫째는 시장을 통한 매입이다. 사업자가 골프장 대상 지역의 토지소유자들을 직접 접촉해서 땅을 매입하는 것이다. 이 과정은 매우 어렵다. 많은 수의 토지소유자에게 토지를 팔라고 설득해야 하는데, 현재 아무 불만 없이 살고 있는 주민들이 마음을 돌려 땅을 팔게 되는 것은 쉽지 않다. 결국 사업자가 할 수 있는 최선의 방법은 현 소유자의 마음을 움직일 만한 수준의 가격을 제시하는 것이다. 하지만 이것은 토지매입 비용을 높여서 사업 이익을 크게 떨어뜨릴 수 있다. 특히 마지막까지 버텨서 시가보다 훨씬 높은 대가를 받으려는 '기회주의적' 토지소유자가 존재할 경우 문제는 더욱 심각해진다.

둘째는 수용권을 통한 강제매입이다. 토지소유자에게 일정 가격을 제시한 뒤 수용이라는 공권력의 힘을 빌려 제대로 된 흥정 없이 강제로 땅을 취득하는 것이다. 반대급부로는 대개 시장가격보다 낮은 공시지가 정도의 보상이 지급된다.

그런데 토지수용은 국민의 가장 기본적인 권리인 재산권을 심대하게 훼손하는 행위이다. 정부가 사적 이익을 추구하는 골프장 건설업자의 사업이 원활히 진행될 수 있도록 수용권을 허용하는 것이 가능한가 그리고 정당한가라는 의문이 제기될 수 있다.

우리나라 헌법 제23조에 따르면, 토지수용은 반드시 공공의 목적을 위해서만 사용될 수 있으며 이 권한의 행사는 법률에 규정한 절차를 따라야 한다. 그리고 토지를 수용할 경우, 토지소유자에게는 정당한 보상을 지급해야 한다. '공익사업을 위한 토지 등의 취득 및 보상에 관한 법률'(이하 '토지보상법')은 토지수용과 관련된 사항들을 구체적으로 정해놓은 기본법이다. 그렇다면 이 법의 기본정신에 비추어 볼 때, 골프장 건설은 국가의 수용권이 사용될 수 있는 '공공사업'일까? 그리고 실제로 골프장 건설, 나아가 유사한 민간사업들에 대해 토지수용이 광범위하게 사용되고 있는가?

이 두 질문에 대한 답은 놀랍게도 모두 '그렇다'이다. 우리나라의 경우, 토지보상법에는 어떤 사업이 토지수용의 대상이 되는지가 명시되어 있으며, 개별 사업들에 대해 '토지수용위원회'가 엄격한 기준을 적용해서 헌법의 기본 정신에 위배되지 않는 범위 내에서 수용을 허가하도록 되어 있다. 그리고 이러한 절차를 통해 '사업인정'을 받은 경우에만 수용이 허용될 수 있으며, 수용된 토지 주인에게는 정당한 수준의 보상이 지급된다. 이 법의 기본 취지를 고려한다면, 그리고 이 법에 따른 절차를 거친다면(설사 대중용이 더라도) 골프장 건설과 같은 민간의 수익 사업은 토지수용의 대상이 되는 것은 쉽지 않을 것이다(혹은 골프장 건설을 '공공성'이 있다고 본다면, 우리나라에 공공성 기준이 적용되지 않는 사업은 존재하지 않을 것이다). 그리고 시가보다 낮은 수준의 보상 역시 용인되기 어려울 것이다.

하지만 우리나라에서 이루어졌던 토지수용 가운데 이 법이 정한 절차를 제대로 밟아 진행된 경우는 10% 정도밖에 되지 않는다. 2013년을 기준으로 볼 때, 우리나라 법 가운데 무려 100개의 법령에는 토지보상법의 절차를 거치지 않더라도 토지를 수용할 수 있다는 취지의 규정이 담겨 있다. 이처럼 약식절차를 통해 '사업인정'에 해당하는 결정을 하는 것을 법률 용어로 '의제擬制'라고 하는데, 이러한 사업인정의제를 통한 수용이 전체 수용의 절대 다수를 차지한다. 공공성과는 거리가 먼 골프장 건설 같은 사업에 토지수용이라는 제도가 활용된다는 것은 국가권력의 지나친 남용이라고밖에 볼 수 없다.

일단 토지수용에 필요한 '사업인정' 혹은 이에 준하는 '의제'가 결정되면, 토지소유자가 자신의 재산권을 지키기 위해 할 수 있는 일은 거의 없다. 통계상으로는 우리나라의 토지수용 중 90%가

'협의매수', 즉 국가 대 토지소유자 간의 협의를 통해 이루어진 것으로 되어 있다. 하지만 이것은 현실과는 매우 거리가 멀다. 진정한 의미의 협의란 협상 당사자 양측이 모두 상대방의 제안에 대해 거부의사를 밝히고 협상장을 떠날 수 있을 때 이루어진다. 그리고 이 거부의사에 대해 당사자 중 한쪽이 다른 쪽의 마음을 돌릴 만한 더 현실적인 안을 제시함으로써 협상 대상자를 설득하는 과정을 통해 이루어진다. 하지만 사업인정이 이루어진 이후에는 이러한 협상이 진행된다는 의미에서의 '협의'는 사실상 이루어지고 있지 않다. 즉 시가보다 훨씬 낮은 공시지가를 기준으로 마련된 보상액을 사업시행자가 제시했을 때, 토지소유자가 이의를 제기하더라도 대개 공시지기에 약간의 추가적 고려만 반영된 금액이 다시 통보될 뿐이기 때문이다. 법원에 소송을 제기하더라도 상황은 크게 달라지지 않는다.

그동안 토지수용이 이처럼 손쉽게 사용된 것은 빠른 경제성장을 위해 불가피한 측면이 있었다고도 할 수 있다. 하지만 이로 인해 발생한 비용은 제대로 고려되지 못하였고 상황은 지금에 와서도 크게 바뀌지 않았다. 가장 큰 문제는 국민의 기본권이 심대하게 침해되고 이로 인해 국가권력의 정당성에 대해 의문이 제기되는 일이 적지 않게 생겨났다는 점이다. 아울러 토지수용을 통해 개발이익을 향유한 측이 존재하고 이들의 이익이 토지를 수용당한 원소유자에게 적절하게 배분되지 못한 경우가 적지 않다는 데서 생기는 부정적인 감정이 생각 외로 광범위하게 존재한다.

토지수용을 이처럼 손쉽게 사용할 수 있다는 사실은 민간뿐 아니라 정부의 과도한 투자를 야기한 측면도 있다. 어떤 사업이 가져다주는 편익에 비해 비용이 적을 경우 사업을 추진하게 될 기본적 요건이 갖추어진다고 할 수 있는데, 낮은 가격에 손쉽게 토지수용을 할 수 있다는 가능성이 있으면 많은 사업을 '가치 있는' 것처럼 인지하게 되기 때문이다. 현재 지방자치단체들이 추진 중인 공공사업을 위해 수용하려는 토지 규모를 모두 합할 경우 우리나라 국토 면적을 상회한다는 사실은 문제가 얼마나 심각한지를 잘 보여준다. 수용권 남용은 직·간접적으로 정부 및 공공부문의 심각한 부채 문제와 연결되어 있는 셈이다.

이러한 문제를 고치려면 어떻게 해야 할까? 무엇보다 입법부의 반성과 개선 노력이 필요하다. 국민의 권리를 보호해야 할 국회가 토지보상법에 따른 정당한 절차를 회피하여 토지수용권을 남용할 수 있는 법을 100개나 통과시켰다는 사실은 어떤 이유에서건 비판을 면하기 어렵다. 향후 추가적으로 토지보상법을 우회하는 법령을 만들지 않아야 하는 것은 물론이고 기존 법령 역시 대폭 정비해야 한다.

사법부도 마찬가지이다. 그동안 법원은 토지소유자들이 국가를 상대로 소송을 제기할 때 수용의 정당성 판단에서 사법적 개입을 지나치게 소극적으로 행하는 일을 반복했기 때문이다. 법의 정신에 부합하는 판결을 통해 입법부나 행정부가 빠지기 쉬운 유혹을 견제해 주기를 기대한다. 국가의 자의적 권력 남용을 막는 것은

그 자체로서도 중요함은 물론, 국민이 자유로운 경제활동을 통해
경제성장을 이룩할 수 있는 출발점이자 원동력인 까닭이다.[*]

* 이 글은 이호준·김일중·조병구·김두얼·박성규·정기상, 「우리나라 수용
법제에 대한 법경제학적 검토」, 한국개발연구원 정책연구보고서(2013)에
기초한 것이다.

죄와 벌
우리나라 법령에 규정된 형벌의 범위와 수준

국민의 생명과 재산을 보호하는 것은 국가가 수행해야 하는 가장 주요한 임무이며, 형벌은 이를 달성하기 위한 주요 수단 중 하나이다. 국가는 신체적 자유를 제한하거나 재산을 빼앗음으로써 타인의 생명이나 재산을 침해하는 행위를 처벌하고 발생을 억지한다. 하지만 형벌의 집행은 사람의 생명과 재산을 침해하는 행위이므로 매우 신중하게 이루어져야 한다. 형벌을 받는 사람 역시 국민으로서, 나아가 인간으로서의 기본적 권리를 존중받아야 하며, 국가가 혹시라도 저지를 수 있는 오류로 인한 피해를 최소화해야 하기 때문이다. 나아가 과도한 또는 잘못된 형벌이 공권력에 대한 신뢰를 훼손할 수 있으므로, 이로 인한 정당성legitimacy 위기가 발생하는 위험도 방지해야 한다.

그렇다면 우리나라 사법체제는 이러한 원칙을 충실하게 구현하고 있는가? 이 질문에 답하기 위해서는 단순히 추상적인 원칙에 대한 숙고를 넘어, 실제로 우리나라 법들이 죄의 범위를 적절하게 설정했는지, 처벌 수준은 적절하게 규정되었는지, 그리고 이것이 법률 간 혹은 형벌 간에도 균형이 맞는지 등을 살펴보고, 문제점을 파악해서 개선하는 노력이 필요하다. 이를 위해 필자와 김원종(한국보건사회연구원)은 우리나라 법을 분석하였다.* 국가법령정보센터의 법령 목록을 이용해서, 형법과 형사특별법을 제외한 우리나라 법 전체로부터 10~15% 정도를 포괄하는 법률표본을 만들고 이를 분석하였다.

우리나라 국회는 1948년 8월 헌법과 정부조직법을 처음으로 제정한 이래 지속적으로 법률을 제정, 개정하거나 폐지했다. 그 과정에서 법률이 계속 증가하였고, 2017년 현재 발효 중인 법률은 1,450개이다. 법률표본을 분석한 결과 이들 중 65%가량에 형벌 조항이 있다(그림 6-3). 1960년대에 이 비율은 약 50% 수준이었는데, 이후 이 값은 지속적으로 증가해서 1990년대 초에는 65%에 도달한 뒤 지난 30년 동안 큰 변화 없이 이 수준을 유지하고 있다. 65%라는 수준의 의미를 정확하게 평가하기는 어렵다. 하지만 형법이 아닌 일반적인 법률의 3분의 2에 형벌 조항이 있고 이것이

---

* 김두얼·김원종, 「죄형법정주의: 우리나라 법에 규정된 범죄의 범위, 양형수준 및 형벌 간 균등성에 대한 실증분석」, 《저스티스》 통권 170-3호 (2019), 58~89쪽.

그림 6-3_ 법률표본의 전체 법률 수와 형벌조항 포함 법률 비율(1948~2017년)

자료: 김두얼·김원종, 「죄형법정주의: 우리나라 법에 규정된 범죄의 범위, 양형 수준 및 형벌 간 균등성에 대한 실증분석」(2019), 64쪽, 그림 2.

계속 증가 추세에 있었다고 하니, '과잉범죄화' 혹은 국가가 범죄로 규정하는 행위의 범위가 지나치게 넓을 수도 있다는 우려가 생긴다.

우리나라 법의 형벌 조항은 대개 "○년 이하의 징역 또는 △원 이하의 벌금"과 같은 형식으로 되어 있다. 이러한 형벌 조항 가운데 어떤 법에 규정된 가장 높은 형벌 조항을 기준으로 평균 양형 수준을 계산해 보면, 우리나라 법률에 규정된 형벌의 평균 수준은 자유형 3년 또는 벌금형 3,000만 원에 상응하는 수준이다. 양형수준은 1970년 평균 1.5년에서 2017년에는 3.0년까지 약 2배 증가했는데, 양형수준의 증가 추세는 단선적이지 않았다. 그림 6-4

그림 6-4_ 자유형, 벌금형 및 형벌지수의 평균 수준(1948~2017년)

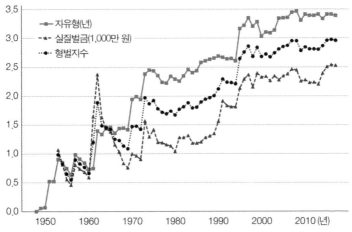

주: 형벌지수는 자유형과 형벌지수에 각각 0.5 가중치를 주어 합산한 값이다.
자료: 김두얼·김원종, 「죄형법정주의: 우리나라 법에 규정된 범죄의 범위, 양형 수준 및 형
벌 긴 균등성에 대한 실증분석」(2019), 67쪽, 그림 3.

에 따르면 1970년부터 2000년까지는 형벌지수가 연평균 2.4%씩
빠르게 증가해서 1.5로부터 3.0에 도달한 반면, 3.0 수준에 도달
한 2000년경부터 현재까지는 큰 변화가 없었다.

　현재 우리나라 법률의 형벌 수준은 장기적인 변화의 산물이지
만, 특히 1990년대의 법률 제정 및 개정에 큰 영향을 받았다.
1990년대에 있었던 일련의 대형 사건들로 인해 '교통 건설' 및 '산
업' 분야의 형량이 크게 높아졌으며, 그 결과 이 분야의 형벌 수준
은 2017년 현재 다른 분야보다 2배 이상 높은 수준이다(그림 6-5).
형벌 수준을 높이는 것은 범죄 발생을 억지하기 위한 주요 수단이
긴 하지만, 과도한 형벌 조항은 오히려 법의 실효성을 낮출 수 있

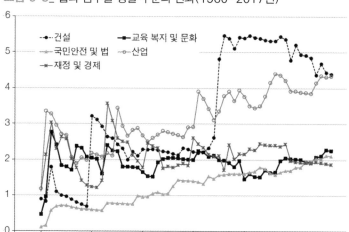

그림 6-5_ 법의 범주별 형벌 수준의 변화(1960~2017년)

자료: 김두얼·김원종, 「죄형법정주의: 우리나라 법에 규정된 범죄의 범위, 양형 수준 및 형벌 간 균등성에 대한 실증분석」(2019), 78쪽, 그림 7.

음을 고려해 보아야 한다. 나아가 이 법률들의 처벌 대상은 자연인이 아닌 기업인 경우가 많기 때문에 실효성이 높지 않다는 점을 감안한다면, 형량을 높이는 것보다는 적절한 처벌과 보상에 대한 많은 고민이 필요하다고 판단된다.

형벌의 수준과 아울러 살펴보아야 할 점은 자유형과 벌금형 간 비율의 문제이다. 우리나라 법령의 형벌 조항들에 대해서는 자유형에 대응하는 벌금형의 액수가 지나치게 낮거나 법률마다 큰 차이가 있다는 비판이 제기되어 왔다. 이러한 불균등성은 자유형과 벌금형의 선택을 통해 처벌 수준을 자의적으로 조정함으로써 궁극적으로 법 적용의 형평성을 저해할 수 있기 때문에, 현황을 파악

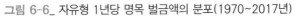

그림 6-6_ 자유형 1년당 명목 벌금액의 분포(1970~2017년)

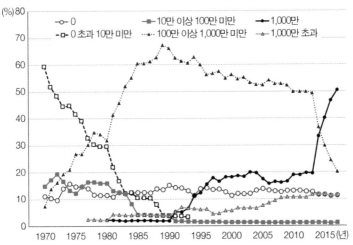

자료: 김두얼·김원종, 「죄형법정주의: 우리나라 법에 규정된 범죄의 범위, 양형 수준 및 형벌 간 균등성에 대한 실증분석」(2019), 75쪽, 그림 5.

하고 개선 방안을 논의할 필요가 있다.

그림 6-6은 자유형 1년당 명목 벌금액 수준별로 얼마나 많은 법이 분포해 있는지, 그리고 이것이 장기적으로 어떻게 변화했는지를 제시한 것이다. 2017년의 경우, 형벌 조항이 있는 법률 가운데 자유형 1년당 1,000만 원의 벌금액을 규정하는 경우가 50%로 나타난다. 하지만 100만 원 이상 1,000만 원 미만인 조항을 가진 법률의 비율이 20%이며, 그 이상의 형량을 규정한 경우도 10%를 넘는다. 자유형 1년당 명목 벌금액이 법률마다 크게 다른 셈이다.

물론 자유형 1년당 벌금액의 법률 간 편차는 최근 들어 크게 개선되었다. 1980년대부터 2013년까지 우리나라 법령 중 50~

70%는 자유형 1년당 100만 원 이상 1,000만 원 이하의 벌금을 규정하였다. 하지만 물가상승으로 인해 그림 6-6에 제시한 것처럼 자유형 대비 벌금액이 추세적으로 하락하게 되자, 정부는 자유형 1년당 1,000만 원으로 벌금액 수준을 조정하는 법률개정 작업을 수행하였다. 그 결과 2017년까지 형벌 조항이 있는 법률 가운데 50%가 자유형 1년당 1,000만 원의 벌금액을 규정하도록 개정이 이루어졌으며, 100만 원 이상 1,000만 원 미만인 조항을 가진 법률의 비율은 50%에서 20%로 크게 줄어들었다. 하지만 자유형 1년당 1,000만 원의 벌금액이 과연 타당한 수준인가 하는 점, 그동안의 노력이 있었음에도 법률 간 편차는 여전히 적지 않은 수준으로 존재한다는 점 등에 대해서는 지속적인 검토와 조정 작업이 이루어져야 한다.

우리나라에서 사법제도와 운영에 대한 논의는 많은 경우 법리적 혹은 이론적 논의에 집중되고, 실제로 그러한 법이 어떻게 적용되고 운영되는지에 대한 실태 파악과 실증 분석은 이루어지지 않는 경우가 많다. 그런 맥락에서 입법자들이 규정하는 형량 수준이 얼마나 되는지를 파악한 이 연구와 같은 작업은 향후 확대되어야 할 것이다. 나아가 실제로 검찰이 구형하고 법원이 선고하는 형량이 얼마나 되는가, 그리고 이러한 형벌 규정들과 실제 처벌 수준이 범죄 억지에 얼마나 영향을 주는가 하는 문제 역시 중요한 분석 대상이며, 이와 관련해서도 향후 추가적인 분석이 지속적으로 이루어질 필요가 있다.

징벌적 손해배상

대기업 A와 하도급업체 B가 계약을 체결했다. 업무를 진행하는 과정에서 A가 B의 기술을 빼돌려서 이익을 올렸다. B는 법원에(실제 손해액인) 2억 원만큼의 손해배상 청구소송을 제기했다. 법원은 최종적으로 손해액이 1억 원이라고 판단했다. 과거에는 이런 경우 A가 B에게 1억 원을 지급해야 했지만, 2011년부터는 3배인 3억 원을 지급해야 한다. '하도급법'(하도급거래 공정화에 관한 법률)에 소위 징벌적 손해배상이라고도 부르는 3배수 배상조항이 도입되었기 때문이다. 이 제도로 인해 B는 실제 손해액보다 많은 보상을 받게 된다.

미국 법원에서 널리 활용된다고 알려진 이 제도의 도입 과정에서는 많은 논란이 있었다. 가장 중요한 반대 논거 중 하나는 우리 법 체계와 맞지 않는다는 것이다. 이 비판은 그다지 설득력이 없다. 새로운 제도는 많은 경우 기존 제도에는 없는 요소를 도입하는 것이다. 즉 기존 제도가 새로 도입하는 제도와 잘 맞지 않는 부분이 있는 것은 자연스러우며, 도입의 타당성을 판단하는 핵심 근거라고 볼 수 없다.

나아가 징벌적 손해배상과 같은 성격의 제도가 우리나라에 아주 없기 때문에 우리 제도와 맞지 않는다고 이야기하는 것 역시 사실과 다르다. 예를 들어 위자료를 보자. 우리나라 법제에서는 손해액을 명확하게 추정하기는 어려운 부분을 위자료 항목으로 반영할 수 있다. 이처럼 이 제도의 도입을 반대하는 논리는 불행하게도 핵심을 벗어난 것이었다. 제대로 된 비판이 없다 보니 이 제도는 도입이 되었고, 이후 다양한 영역으로 계속 확산 추세에 있다(표 6-1).

비록 기존의 비판이 설득력이 없었지만, 징벌적 손해배상제도 도입이 타당하다는 것은 아니다. 필자가 판단하기에 이 제도의 도입은 여러 가지 면에서 득보다는 실이 훨씬 크다. 문제의 본질을 잘못 이해했기 때문에 잘못된 제도가 도입되었고, 원래 존재하던 문제를 더욱 악화시킬 가능성이 높다.

그렇다면 문제의 본질은 무엇인가? 그것은 우리나라 법원이 몇몇 특정 분야가 아니라 손해배상 사건 일반에 대해 인정하는 손실의 수준이 너무 낮다는 점이다(위의 예를 따른다면 법원이 손해액으로 2억 원이 아니라 1억 원을 인정했다는 사실이 여기에 해당된다). 즉 우리나라의 기본 법리는 가해자가 실손해액을 배상하도록 손해배상제도를 운

표 6-1_ 징벌적 손해배상제도의 도입 현황

법령	조항
하도급법	제35조 ②
기간제법 / 파견근로자법	제13조 ② / 제21조의2 ④
신용정보법	제43조 ②
개인정보보호법	제39조 ②
대리점법	제34조 ②
정보통신망법	제32조 ②
가맹사업법	제37조의2 ②
제조물책임법	제3조 ②
환경보건법	제19조 ②
특허법	제128조 ⑧
부정경쟁방지법	제14조의2 ⑥
기업상생법	제40조의2 ②
공정거래법	제56조 ③
축산계열화사업법	제34조의2 ②

영한다(법률 용어로는 전보적 손해배상이라고 한다). 하지만 법원이 내리는 실제 결정액은 대부분의 영역에서 실손해액에 훨씬 못 미친다.

가장 대표적으로 사람의 생명을 보자. 2012년 현재 우리나라 법원이 평균적인 성인 남성의 생명에 대해 인정하는 가치는 약 8,000만 원이다. 과연 이것은 우리나라의 경제 상황이나 국민의 상식에 부합하는가? 대부분의 국민은 쉽게 납득하지 못할 것이다.

이처럼 손해에 대한 인정 수준이 낮은 경우, 사람들은 사고를 예방하거나 다른 사람에게 피해를 주지 않기 위한 노력을 충분히 기울이지 않게 된다. 이것은 결국 우리가 불가피하다고 생각하는 것보다 더 많은 사고를 발생시키고, 피해자는 물론 사회 전체에 큰 비용을 지우게 된다. 따라서 법원이 인정하는 손해배상 수준 전반을 실손해액에 맞도록 높이는 작업이 매우 중요하다. 현재 법원에서 운영되는 양형위원회처럼 손해배상 수준의 적정화를 심도 있게 논의해서 조정하는 체계적인 노력이 조속히 이루어져야 한다.

물론 3배 손해배상제도를 도입하는 것도 손해배상 수준을 높이는 한 가지 방법일 수는 있다. 하지만 이것은 결코 제대로 된 처방이 아니다. 우선 3배라는 수치는 아무런 논리적·실증적 근거가 없다(해당 조항이 도입된 법안들의 검토 과정에서 왜 3배인가라는 문제가 심도 있게 논의된 흔적 역시 찾기 어렵다). 또한 3배 보상을 특정 사안에 대해 사용하는 것은 아주 특별한 경우 용인될 수 있다 하더라도, 현재와 같이 전반적인 손해배상 수준이 낮은 상황을 해결하는 방안으로 모든 법령에다 3배 배상 조항을 집어넣는 것은 적절하지도 않고 가능하지도 않기 때문이다.

몇몇 논자들은 3배 손해배상제도를 도입할 경우 규제기관이 미처 해결하지 못하는 문제를 민간에서 해결해 줄 수 있기 때문에 도입해야 한다고 주장한다. 즉 손해배상 수준이 높아지면 피해자가 더욱 적극적으로 민사소송을 제기하게 되므로, 잠재적인 사고 유발자들이 주의를 더 기울일 것이라고 추론한다.

불행히도 이 주장이 근거한 추론은 부적절하다. 사실 3배 손해배상제도가 논의되는 많은 영역에는 이미 정부의 규제가 도입되고 이것을 수행하는 규제기관이 존재한다. 그런데 이러한 규제가 도입된 원래 이유는 계약이나 민사소송으로는 피해자 구제가 제대로 이루어지기 어렵기 때문이다. 즉 하도급 거래나 비정규직 차별 등의 문제는 해당 영역의 피해자가 피해를 입더라도 소송을 하기가 매우 어려울 수 있기 때문에 이런 문제를 해결하기 위해 법을 만들고 국민의 세금을 들여 규제기관들이 설립, 운영되는 것이다. 그렇기에 이러한 기관들이 제대로 해결하지 못하는 문제가 민사소송 활성화를 통해 해결될 수 있다는 주장은 본말이 전도된 것이다.

그뿐만 아니라 3배 손해배상조항이 소송을 활성화한다는 기대 효과를 실제 보이는지도 역시 회의적이다. 2011년 이후 도입된 관련 조항들이 재판에 적용된 사례는 잘 확인되지 않는다. 즉 이 조항의 도입이 소송을 촉진한다는 실증적 증거를 찾기 어렵다.

이 제도가 잘 활용되지 않는 이유가 과연 3배 손해배상이 부족해서는 아닐까? 만일 배수가 10배로 높아지면 상황이 바뀔까? 그럴 수도 있을 것이다. 하지만 손해배상 수준을 이렇게 높일 때 고려해야 할 점은 바로 가해자의 위치에 설 수 있는 사람들의 행동이다. 자신들의 행위가 상대방에게 미칠 피해보다 지나치게 큰 손해배상을 해야 할 경우, 사람들은 해당 분야와 관련된 행위 자체를 줄이게 된다. 즉 기업활동의 예로 보면 기업활동 자체가 위축되어 경제에 악영향을 미치게 된다.

흥미로운 것은 3배 손해배상과 같이 실손해액 이상의 손해배상을 정당화해 주는 근거로 억지 효과 같은 법경제학적 개념을 언급하는 법학 문헌이 적지 않다는 점이다. 이것은 매우 놀라운 사실이다. 필자가 아는 한, 권위 있는 법경제학 문헌 가운데 법원이 실손해보다 높은 손해배상을 부과해야 한다는 주장은 찾아볼 수 없기 때문이다. 미국의 법경제학 관련 연구들이 일관되게 이야기하는 것은 법원이 제도적인 이유 등으로 인해 실손해액보다 낮은 손해배상을 판결하는 지속적 오류가 존재할 때, 이것을 실손해액 수준으로 맞추는 수단 정도로 3배 손해배상제도를 사용할 수 있다는 것이다. 최선의 손해배상제도는 실손해액 보전이다.

논리적 근거도 부족하고 실효성도 없는 3배 손해배상제도가 점점 더 우리나라 법에 확산되어 간다는 사실은 매우 우려스럽다. 궁극적으로 이런 현상은 문제의 근본을 따지고 제대로 된 해결을 추구하기보다 개별 사안에 대한 즉자적인 입법을 반복하는 국회의 책임이 크다. 더는 실효성도 없으면서 제도를 왜곡시키는 징벌적 손해배상제도가 확산되는 것을 막아야 한다. 그리고 손해배상제도 일반에 대한 근본적 고민과 개선이 이루어져야 한다.[*]

---

[*] 이 글은 김두얼, 「징벌적 손해배상제도의 두 가지 정의」, 국회입법조사처, 한국법경제학회 공동학술대회(2014. 5. 13) 발표자료에 근거하였다.

최소선발인원

소송 때문에 변호사의 도움이 필요하다고 하자. 변호사를 선임할 때 가장 어려운 문제는 내가 변호사의 능력을 판별하기 어렵다는 사실이다. 법률을 잘 모르니 변호사의 도움을 얻는 것인데, 내가 계약할 변호사가 법률에 대해 잘 아는지 어떻게 알 수 있겠는가?

자격 제도는 이러한 문제를 어느 정도 완화함으로써 소비자의 후생을 증진시키기 위한 제도이다. 민간 혹은 정부에서 시험 등을 통해 일정 수준 이상의 능력을 가진 사람에게만 변호사 자격을 준다면, 수준 낮은 사람을 변호사로 선임함으로써 생기는 문제를 줄일 수 있다. 혹은 정부가 필요한 경우 일정 수준에 도달하지 못한 사람은 아예 그 일을 하지 못하도록 강제하면 위험을 한층 더 줄일 수도 있다. 이처럼 자격 보유자만 해당 업무를 할 수 있도록 하는 제도를 면허라고 한다.

자격 혹은 면허는 소비자와 공급자 간에 존재하는 정보비대칭성을 줄임으로써 소비자의 후생을 증진시키기 위한 제도이다. 불행하게도 우리나라에서 전문자격사 관련 면허제도는 이러한 취지와는 동떨어진 방식으로 운영되는 경우가 많다. 일정 수준 이상의 능력을 갖춘 사람 모두에게 면허를 발급하는 것이 아니라, 면허발급 수를 엄격하게 통제해 왔다. 공급 통제를 통해 서비스의 가격을 높이고 면허 소지자들에게 높은 이익을 보장하였다. 나아가 공급이 부족하다 보니 경쟁이 약화되어 서비스의 질도 낮아졌다.

1990년대 말 정부는 자격제도 개선 방안을 추진하였다. 핵심은 자격시험에서 선발인원을 미리 정하는 규정을 폐지함으로써, 일정 수준의 능력을 갖춘 사람 모두에게 자격을 부여하는 것이다. 하지만 인원수를 정해놓지 않고 절대평가 시험을 실시할 경우, 자칫 시험 문제를 지나치게 어렵게 내서 합격 인원을 인위적으로 줄이는 '꼼수'가 사용될 수 있다. 이런 문제를 막기 위해 도입한 것이 '최소선발인원' 규정이다. 절대 평가 제도를 오용하지 못하도록 예방하는 것이 이 규정의 목적이다.

불행히도 지난 20여 년 동안 최소선발인원 제도는 이러한 목적과는 동떨어진 방식으로 이용되었다. 전문자격사 제도를 관할하는 각 부처는 딱 최소선발인원만큼만 자격사 시험의 최종합격자를 결정했기 때문이다. 최소선발인원은 원래 취지와는 달리 합격 정원의 또 다른 이름으로 탈바꿈하였다.

심지어 국토교통부의 경우는 자격사의 질 저하 등을 이유로 들어 2010년대 초반 180명이던 감정평가사의 최소선발인원을 2016년에 150명으로 줄였고, 그 인원만큼에게만 자격을 부여하였다. 다행히도 2019년 최소선발인원은 과거 수준인 180명으로 다시 조정되었지만, 이러한 일련의 과정은 최소선발인원이 사실상의 정원임을 역설적으로 보여준다.

이러다 보니 자격제도의 원리에 비교적 충실하게 운영되는 영역에서도 최소선발인원 규정을 도입해야 한다는 해괴한 주장들이 거론된다. 예를 들어 공인중개사 업계에서는 최소선발인원 제도 도입이 협회장 선거의 단골 공약이 되었다. 원래 취지대로라면 최소선발인원 규정을 도입해야 한다는 주장은 지나치게 적게 뽑는 부작용이 일어나기 때문에 이를 막는 보완책이 필요하다는 취지여야 한다. 하지만 공인중개사 협회자 후보자들이 이런 뜻으로 이 제도 도입을 주장했다고 보기는 어렵다.

최소선발인원 규정의 실태는 전문자격사들의 이익을 위해 소비자 후생을 희생시키는 우리나라 자격제도의 후진성을 적나라하게 보여준다. 하지만 불행하게도 어떤 정부도 이 문제를 진지하게 다루려고 하지 않으며, 부처 공무원들은 자격사의 이익 보호를 위한 방향으로 이 조항을 이용하는 데 아무 거리낌이 없는 경우가 많다. 그로 인해 국민들은 오늘도 전문자격사 관련 서비스를 이용할 때 불합리한 수준의 비용을 지불하고 있으며, 수많은 청년들은 충분한 능력을 갖추고도 시험을 몇 번씩 더 보느라 시간을 낭비하고 있다.

　진정한 개혁은 이런 문제를 고치는 일에서부터 시작되어야 하지 않을까?

법률시장 개방 그리고 그 이후

세계 각국은 지난 20여 년 동안 다자간 협상이나 FTA 등을 통해 서비스산업 개방을 논의하고 추진해 왔다. 이러한 추세에 발맞추어 우리나라 정부도 서비스시장 개방을 단계적으로 진행하였고, 법률시장 개방도 이러한 맥락 속에서 진행되었다. 그 결과 우리나라 법률시장은 2017년까지 10여 년에 걸쳐 진행된 3단계 개방을 통해 예정된 시장 개방을 완료하였다.

업계 종사자들이나 관련 전문가들은 시장 개방이 우리나라 법률시장에 큰 변화를 가져올 것이라고 예측하였다. 과연 시장 개방 이후 해외 법무기업과 해외인력은 우리나라 시장에 얼마나 진출했을까? 그리고 이러한 요인이 우리나라 법률시장에 얼마나 변화를 가져왔을까? 그리고 이것은 법률서비스를 소비하는 국민의 후생에 어떤 영향을 미쳤을까?

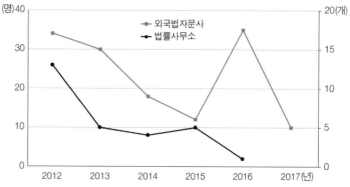

그림 6-7_ 외국법자문사 및 법률사무소 등록 추이(2012~2017년)

주 1): 2017년은 7월 말까지의 등록 결과이다.
  2): 2012년부터 2017년 7월 말까지 전체 등록현황은 외국법자문사 139명, 법률사무소 28개이다.
자료: 김두얼, 「법률시장 개방: 현황과 정책과제」, 《한국경제포럼》, 제10권 제4호(2018), 57쪽, 그림 12.

결론부터 말하자면, 이 질문들에 대한 답은 모두 부정적이다.
우선 해외 법률 전문인력의 국내 진출은 시장 개방 이후 큰 변화가
없었다. 우리나라 정부는 외국 변호사들이 해외 법무기업을 통해
우리나라에서 활동할 경우 외국법자문사 자격을 취득하도록 제도
를 마련하였다(우리나라 법무기업에 취업하는 외국 변호사에 대해서는 이 법규가
적용되지 않고 있다). 즉 외국법자문사법에 따라 엄격한 자격요건을
충족한 외국 변호사들만 법무부에 외국법자문사로 등록을 하고
우리나라에서 활동을 할 수 있다.

법무부가 제시한 자료에 따르면 2012년부터 2017년 7월 말까
지 법무부에 등록한 외국법자문사 총등록자는 139명이다. 그림

6-7은 등록 추이를 보여주는데, 2012년에 34명이 등록한 이후 계속 감소 추세가 나타났다. 시장 개방이 이루어졌지만 외국 변호사들의 진출은 매우 저조하다.

이처럼 외국법자문사 진출이 제한되어 있는 것은 외국 법무기업 진출 수준이 미미한 현상과 밀접한 관련이 있다. 외국 법무기업이 사무소를 개설하고 한국에서 활동하기 위해서는 법무부로부터 허가를 받아야 한다. 정부 자료에 따르면 2012년부터 2017년 7월까지 총 28개의 법률사무소가 등록하였다. 그림 6-7에서는 법률사무소 개소 추이도 볼 수 있는데, 2012년 14개가 개소한 이후 2013~2015년 기간 동안은 매년 4~5개가 추가로 사무소를 연 뒤, 2016년에는 1개소를 끝으로 추가적으로 개소하는 곳은 없다.

외국 법무기업이 설치한 사무소와 외국법자문사 수를 결합해서 본다면, 사무소 한 개당 외국법자문사 4~5명 정도가 활동하는 셈이다. 이처럼 사무소 규모가 작은 이유는 여러 가지가 있겠지만, 가장 중요한 것은 업무 범위의 제약이다. 현재 외국 법무기업은 우리나라에서 우리나라 법률과 관련된 업무는 전혀 할 수 없고, 자국법과 관련한 매우 제한된 업무만 할 수 있다. 따라서 우리나라에 대규모의 인력이 활동하는 사무소를 운영할 필요가 없다.

물론 법률시장 개방은 외국 법무기업들이 우리나라에서 우리나라 법과 관련한 업무를 수행하는 것을 일부 허용하는 조치도 담고 있다. 단, 2017년 법률시장 개방에서는 해외 법무기업이 우리나라 법률 관련 업무를 수행하려면 독자적으로는 안 되고 우리나라 법무기업과 합작을 하도록 제한하고 있다. 즉 외국 법무기업은 우리나라 변호사를 고용하거나 외국법자문사를 고용하여 우리나라 법에 대한 업무를 할 수는 없지만, 우리나라 법무기업과의 합작을 통해 우리나라 법과 관련한 업무를 수행할 수 있다. 이는 과거에 합작 자체를 금지하던 것에 비하면 큰 변화라고 할 수 있다.

그러나 2017년 3월 이후 현재까지 외국 법무기업과 우리나라 법무기업 간의 합작은 단 한 건도 이루어지지 않았다. 이와 관련해서는 두 가지 가능성을 생각해 볼 수 있다. 첫째는 해외 법무기업들에게 한국 시장이 그다지 매력적이지 않기 때문에 시장이 개방되었어도 진출하지 않았을 수 있다. 둘째는 해외 법무기업들은 우리나라에 진출하고 싶어 하지만 여러 가지 유·무형의 제약으로 인해 진출이 쉽지 않을 수 있다.

여러 가지 정황은 후자의 가능성이 높음을 시사한다. 한국의 법률시장은 전 세계 법률시장에서 규모가 작지 않다. 그리고 2005~2016년 기간 동안 연평균 시장 성장률은 6.7%로, 같은 기간 우리나라 경제성장률보다도 훨씬 높다. 거기에 더해서 그동안 우리나라 시장에는 진출이 불가능했기 때문에 시장 개방이 이루어질 경우 해외 기업들은 우리 시장에 진출하고자 하는 의사를 갖고 있다.

하지만 외국법자문사법은 겉보기와는 달리 해외 법무기업이 합작 등을 통해 우리나라 시장에 진출하는 것을 사실상 금지하고 있다. 가장 중요한 것은 지분 제한 규정이다. 현재 외국법자문사법은 해외 법무기업이 우리나라 법무기업과 합작을 할 때 지분을

49%를 초과하여 가질 수 없도록 제한하였다(제35조의16). 이것은 해외 법무기업이 합작을 통해 한국 시장에 진출할 유인을 크게 줄이는 요인으로 파악된다. 예를 들어, 한국에 진출하는 미국이나 영국 등의 대형 법무법인들은 규모가 합작 대상인 우리나라 법무법인보다 훨씬 큰 경우가 많다. 하지만 우리나라 법무기업과 합작을 할 때 49% 지분밖에 갖지 못할 경우 업무의 주도권을 갖지 못하는 반면, 업무상 손실이나 과실 등에 대해서는 무한책임을 져야 하는 부담을 떠안아야 한다. 이러한 규정은 해외 법무기업의 합작을 사실상 봉쇄하는 힘으로 작용해 왔다.

결국 지난 10여 년 동안 진행된 법률시장 개방 조치로 우리나라는 외형적으로는 시장 개방 조치를 모두 이행한 것처럼 보이지만, 내용상으로는 거의 아무런 변화도 하지 않은 셈이라고 평가할 수 있다. 이것이 해외 기업들로부터 우리 시장을 잘 지킨 성공적인 사례라고 평가하는 이들도 있지만 이러한 주장에는 동의하기 어렵다. 이는 본말이 전도된 평가이기 때문이다.

우리나라 국민은 국내 기업이 생산한 제품뿐 아니라 해외 생산자의 제품을 자유로이 선택해서 소비할 권리가 있다. 정부가 해외 제품의 유입을 막거나 관세를 부과하여 가격을 높이는 것은 소비자 선택을 제한함으로써 후생을 저해하는 행위이다. 단, 이러한 조치는 이것이 국내 생산자들의 경쟁력 향상에 도움이 된다는 전제 하에서 정당화될 수 있다.

즉 해외 제품으로부터 국내 시장을 보호하는 조치는 생산자의 생산성 증대를 전제로 해서 소비자의 희생을 감내하는 조치이기 때문에 매우 제한된 방식으로 한시적으로 이루어져야 한다. 그리고 해당 분야 기업들이 경쟁력을 갖추면 당연히 시장 보호 조치는 철폐해야 한다. 불행하게도 지난 10여 년의 유예기간 끝에 이루어진 현재와 같은 '무늬만 개방'은 이러한 기본 원칙에 역행한다. 기존 국내 법률기업의 이익을 위해 국민의 희생을 강요하는 것이기 때문이다.

법률시장을 포함한 서비스 시장 정책은 개방이 원칙이며 보호는 불가피한 경우 제한적으로만 허용되어야 한다. 정책당국자들이 이 원칙을 가슴 깊이 새기고 지켜주기를 바랄 뿐이다.*

---

* 이 글은 김두얼, 「법률시장 개방: 현황과 정책과제」, 《한국경제포럼》, 제10권 제4호(2018)에 기초하였다.

제7부

교육, 대학, 연구

"우리나라 경제사 연구를 식민지배국가나 선진국
연구자들이 주도하는 것을 1단계, 우리나라
연구자들이 주도하는 것을 2단계라고 한다면, 이제는
3단계로 나아가기 위해 노력해야 한다. 3단계란 해외
각국의 연구자들이 한국경제사 연구에 다양하게
참여하고, 한국 학자들과 경쟁하며 교류하는 것이다."

― 「연구의 선진화」 중에서

문리와 수리

문장은 단어로 이루어진다. 하지만 단어의 뜻을 모두 안다고 해서 문장을 정확히 이해할 수 있는 것은 아니다. "학이시습지불역열호 學而時習之不亦說乎"라는 문장이 있다고 하자. 초심자가 옥편을 이용해서 모든 글자의 뜻을 파악하더라도 "배우고 때로 익히면 즐겁지 아니한가"라는 의미에 도달하기는 쉽지 않다.

문장을 이해하려면 단어를 아는 것을 넘어서는 지식 또는 능력이 필요하다. 한학에서는 이것을 문리文理라고 부른다. 그리고 문장을 이해하는 능력을 갖추게 되는 것을 "문리가 트였다" 혹은 "문리를 깨쳤다"고 표현한다.

어떻게 하면 문리를 깨칠 수 있을까? 왕도는 없다. 문법을 체계적으로 공부하고 문장을 분석해 보는 것, 그리고 좋은 문장을 많이 읽고 외우는 방법뿐이다. 나아가 글을 더 빨리 그리고 더 정확히 읽으려면 이러한 노력을 꾸준히 계속해야 한다.

숫자도 마찬가지이다. 아라비아 숫자를 읽을 줄 안다고 해서 그 의미를 이해할 수 있는 것은 아니다. 예를 들어 올해 우리나라의 GDP가 2.5% 성장할 것이 예측된다고 하자. 2.5라는 수치가 어떤 의미인지 파악할 수 있으려면, GDP의 정의를 공부한 뒤에도 2.5라는 구체적 수치의 의미를 볼 수 있는 능력을 갖추기 위한 노력이 뒤따라야 한다.

숫자의 의미를 이해하는 능력을 필자는 문리라는 말에 빗대어 수리數理라고 부르곤 한다. 수리를 깨치려면 문리만큼이나 많은 시간과 노력을 들여야 한다. 통계학의 기초 지식을 갖춤으로써 통계의 특성과 생성 과정 등을 이해해야 하며, 경제학 혹은 광의의 사회과학적 지식을 습득함으로써 여러 통계 간의 관계를, 나아가 이것이 반영하는 사회의 움직임을 잡아내는 능력을 갖추어야 한다. 단, 학교 수업이나 독서를 통해 이런 공부를 하는 것은 수리를 깨치기 위한 노력의 첫걸음에 지나지 않는다. 언론이나 책을 통해 꾸준히 수많은 통계를 접하고 정확한 의미를 파악하려는 노력을 기울여야 남들의 해설이 아닌 자신의 눈으로 2.5라는 구체적 수치의 의미를 보는 수준에 도달할 수 있다.

한문이나 외국어를 할 줄 아는 능력을 중요하게 생각하고 높이 평가하는 사람이 많다. 하지만 수리를 깨치는 것의 어려움이나 필요성은 그만큼 인식하지 못하는 듯하다. 글 속에 수치가 나오면 그 의미를 스스로 파악하기보다는 글쓴이가 제시한 주장 혹은 해석을 그냥 받아들이곤 한다. 반대 극단에는 "통계는 새빨간 거짓말"이라는 류의 통계에 대한 무조건적 불신에 안주해서 수치 정보를 무시해 버리는 분들도 적지 않다.

오늘날 세상의 많은 정보는 통계 형태로 되어 있다. 기본적인 언어 능력의 함양을 통해 사회구성원으로의 삶을 영위할 수 있도록 하는 것이 초·중·고등 교육의 가장 중요한 목표 중 하나라고 한다면, 통계를 이해하는 능력을 정보를 이해하고 활용하는 '언어 능력' 중 하나에 포함시켜야 하는 시대가 되었다.

불행히도 우리나라의 초·중등 교육은 이러한 사회적 요구와 동떨어져 있다는 느낌을 지우기 어렵다. 예를 들어 통계는 사회과학이나 자연과학과 밀접한 관련이 있음에도, 우리나라의 교육은 이러한 관련성을 무시한 채 통계를 수학 교과의 일부로만 다루는 경향이 강하다. 그러다 보니 학생들은 통계의 기본 원리는 배우지만, 통계를 통해 사회 현상이나 자연 현상을 이해하는 단계로 나아가는 훈련은 거의 받지 못한다.

엄청난 양의 정보를 집약하는 통계들을 생산하고 활용하는 것은 정보화 혁명의 핵심이다. 수리를 깨치는 것은 이러한 정보를 이용해서 부가가치를 창출하기 위한 필수 능력이다. 이런 능력을 갖추려면 개인들의 지속적인 노력이 가장 중요하겠지만, 학교에서의 체계적인 교육도 뒷받침되어야 한다. 실체도 알 수 없는 융합 교육이니 창의성 교육이니 하는 것 이전에, 학생들이 '수리'를 제대로 깨칠 수 있도록 하는 차분한 노력을 교육 당국이 기울여 줄 것을 촉구한다.

역사학과 머신러닝

미국은 가장 먼저 근대적 인구총조사(센서스)를 실시한 나라 중 하나이다. 연방 정부는 건국 직후인 1790년부터 10년마다 방문 조사원을 통해 미국 영토 내에 거주하는 모든 사람들의 이름, 연령, 재산 등 주요 정보를 파악했다. 그리고 이 자료를 집계해서 다양한 정보를 담은 「인구총조사 보고서」를 발간해 왔다.

미국 정부는 통계집을 발간한 뒤에도 조사 원본, 즉 조사원들이 개인별 정보를 기록한 자료를 보존했다. 그리고 75년이 지나면 이 정보를 일반인이나 연구자가 자유롭게 사용할 수 있도록 공개했다. 미국 국가기록원은 신청받은 정보를 담은 조사 원본을 마이크로필름으로 만들어 제공한다. 역사학자들과 사회과학자들은 조사 원본 자료를 활용해서 수많은 중요한 연구를 수행해 왔다.

엄청난 정보의 보고이지만, 조사 원본 연구에는 많은 어려움이 있었다. 자료가 너무 방대하다는 것이 문제였다. 예를 들어 1850년 인구총조사 원본에는 수천만 명에 대한 개인 단위 정보가 담겨 있다. 그리고 이런 자료가 10년마다 새로이 추가되어 왔다. 한 연구자가 평생을 바치더라도 이것을 모두 전산화하여 분석하는 것은 불가능하다.

이런 문제를 해결하고자 일군의 경제사학자들은 전국을 대상으로 하는 무작위 표본을 만들어 분석하는 작업을 했다. 이후 미네소타대학에서는 원본자료가 공개된 모든 인구총조사에 대해 대규모 표본을 추출한 뒤, 이를 연구자들이 사용하기 편리한 방식으로 전산화해서 공개했다. IPUMS라 부르는 이 데이터베이스는 지난 수십 년 동안 사회과학 및 역사 연구에 다양하게 활용되었다.

IPUMS는 최근 들어 새로운 단계로 나아가고 있다. 기존의 표본 자료는 사람들의 지역별 이동 그리고 이에 따른 소득의 변화와 같은 주요한 문제들을 다루는 데 많은 한계가 있었다. 이를 해결하기 위해 IPUMS는 미국 인구총조사 원본 자료 전체를 전산화하는 대규모 작업을 추진하였다. 그리고 마침내 최근 들어 완성된 데이터베이스를 차례로 공개하기 시작하였다. 앞으로 몇 년 내에는 연방정부가 지금까지 공개한 모든 인구총조사 원본 자료를 전산화한 데이터베이스가 공개될 것이고, 이는 역사 및 사회과학 연구를 획기적으로 끌어올리는 데 크게 기여할 것이다.

IPUMS 프로젝트는 여기에 그치지 않는다. 지금까지 원본 자료 전산화는 많은 연구원들이 마이크로필름을 읽고 입력하는 방식으로 진행되어 왔다. 이런 방식은 막대한 비용이 들 뿐 아니라, 입력하는 사람이 누구냐에 따라 오류가 발생할 가능성도 배제할 수 없다. 이런 문제를 보완하기 위해 최근에는 머신러닝 방식을 이용해서 필기체로 된 원본 자료를 검토하고 기존 데이터베이스를 수정, 보완하는 작업이 논의되고 있다.

이런 작업을 통해 개발된 머신러닝 기술은 단순히 인구총조사 자료의 정확도를 높이는 것뿐 아니라, 농업총조사나 공업총조사와 같은 다른 역사 자료의 전산화나 필적 감정 등 다양한 목적에 활용될 수 있다. 그리고 방대한 자료들이 모두 전산화되면, 이들을 서로 결합해서 분석하는 새로운 차원의 연구가 가능해진다.

우리나라 정부도 1950년대부터 인구총조사를 비롯해서 다양한 조사를 실시하였다. 이 가운데 상당수는 통계청이 조사 원본을 잘 보관하고 있다. 단, 통계청은 아무리 예전 자료라고 해도 적지 않은 정보를 공개하지 않거나 매우 제한된 조건 내에서만 활용할 수 있도록 하고 있다. 미국과 같은 원칙을 적용한다면, 2020년에는 1960년 이전에 실시된 인구총조사 원본 자료를 완전히 공개해야 하지만, 과문한 탓인지 통계청이 이런 조치를 취할 것이라거나 관련 준비 작업을 하고 있다는 이야기를 듣지는 못했다.

한국경제사 연구에서 인구총조사 원본을 자유로이 분석하고 머신러닝 활용을 구상하는 것은 꿈이어야만 할까? 그렇지 않기를 기원한다.

증거기반 정책

귀무가설歸無假說, null hypothesis은 통계학의 기본 개념 중 하나이다. 예를 들어 고혈압 치료제가 새로 개발되었다고 하자. 이 약이 혈압을 낮추는 효과가 있는지 파악하고자 실험을 할 때, 연구자는 이 약이 효과가 없다고 가정한다. 고혈압 환자들이 이 약을 먹더라도 혈압이 낮아지지 않으리라고 상정하는 것인데, 이것을 귀무가설이라고 부른다.

실험으로 얻은 자료를 가지고 수행하는 통계 분석은 데이터가 귀무가설과 일치하는지를 따지는 방식으로 진행된다. 만일 신약을 먹은 환자들의 혈압이 그렇지 않은 사람들과 일정한 수준의 차이를 보이지 않으면 연구자는 귀무가설을 '채택'한다. 귀무가설을 채택한다는 것은 이 약이 효능이 있다고 보기 어렵다는 결론을 내렸음을 의미한다. 반대로 혈압이 통계학적으로 볼 때 유의한 만큼 낮아졌다면, 연구자는 귀무가설을 '기각'한다. 신약 개발이 성공적임을 받아들였다는 뜻이다.

다소 복잡할 수도 있고 말장난처럼 느껴질 수도 있지만, 연구자들이 이런 방식으로 논의를 전개하는 밑바탕에는 근대 과학 연구의 기본 철학이 자리 잡고 있다. 그것은 통계적으로 유의미하다고 생각하는 일정 수준만큼 충분히 그리고 안정적으로 차이를 보이지 않을 경우에는 이 약의 효능을 인정하지 않겠다는 보수성이다. 인간이 하는 실험은 늘 불완전하기 때문에, 효과가 있는 약이 실험 과정에서 충분히 효과가 나타나지 않을 수도 있고, 반대로 효과가 충분하지 않더라도 효과가 있는 것처럼 나타날 가능성도 있다. 귀무가설을 기각하는 접근은 위 두 가지 위험 가운데 후자를 보다 경계하는 철학과 일맥상통한다. 즉 실제로 이 약이 효과가 없음에도 효과가 있다고 판단할 경우 그로 인해 발생할 수 있는 위험이 그 반대의 경우보다 더 심각하다고 보고, 이러한 위험을 더 경계하는 접근이다.

어떤 명제를 실증적으로 검정할 때 적용하는 이러한 방법 혹은 철학은 사회 현상에 대한 통계분석에서도 그대로 적용된다. 나아가 정부가 새로운 정책을 실시할지 혹은 기존 정책이 기대하는 효과를 발휘하고 있는지 검증할 때에도 가급적 이러한 원칙을 적용하는 것이 바람직하다. 예를 들어 정부가 가계에 문화활동 쿠폰 또는 바우처 등을 지급해서 국민들의 문화 활동을 증진시키려 한다고 하자. 이 정책으로 인해 가계가 문화 관련 소비를 늘릴 수 있지만, 반대로 보조금만큼 기존의 문화 관련 지출을 줄임으로써 지출 총량은 변화하지 않을 가능성도 있다.

따라서 정부는 이 정책을 전국적으로 실시하기 이전에 특정 지역에 시범적으로 적용해 보고, 그 지역 주민의 문화활동 시간이 다른 지역에 비해 통계적으로 유의할 만큼 늘어나는 것이 확인된다면 그때 전국적으로 확대하는 것이 적절하다. 만일 기대하는 만큼 문화활동 시간이 늘어나지 않는다면 그 이유가 무엇인지 분석해 보고 정책을 수정, 보완해서 새로 실험을 해보거나 대안을 마련하는 것이 바람직하다.

이런 방식으로 정부 정책을 입안하고 적용하는 것을 '증거기반 정책'이라고 부른다. 많은 선진국에서는 정책을 도입할 때 이미 이러한 접근을 폭넓게 활용하는 것으로 알려져 있다. MIT의 에스테르 뒤플로Esther Duflo와 아브히지트 바네르지Abhijit Banerjee는 개발도상국에 대한 원조에 관련해서 이러한 방법을 선구적으로 수행한 공로를 인정받아 2019년 노벨 경제학상을 수상하였다.

우리 정부도 정책 실시 전이나 이미 시행 중인 정책을 평가하는 데 많은 정보를 체계적으로 수집하고 분석하는 노력을 기울이고 있다. 그럼에도 아쉬운 부분이 적지 않다. 정부 정책은 수많은 국민들의 삶에 영향을 끼친다는 점, 그리고 국민이 낸 소중한 세금을 써서 이루어진다는 점을 고려할 때, 지금보다 더 체계적인 실증 증거에 기반해서 입안되고 시행될 필요가 있다. 정책 의지를 앞세우기보다는 확고한 증거를 확보하려는 냉정함이 확대되기를 기대한다.

정보는 꿰어야 보배

건강 정보는 이력 관리가 중요하다. 과거에 몸 상태가 어떠했고 무슨 병을 앓았는지 알아야 제대로 된 진단이 가능하다. 특정 개인뿐 아니라 건강 관련 연구도 그렇다. 현재의 건강 상태가 과거의 어떤 경험과 관련 있는지 파악해야 새로운 치료법 개발이나 보건 의료 정책 수립이 제대로 이루어질 수 있다.

이런 정보를 모으려면 돈과 시간이 많이 든다. 그렇기 때문에 정부가 보유한 보건 관련 정보는 매우 귀중하다. 우리나라 정부는 국민들이 태어난 순간부터 언제 어떤 예방 주사를 맞았는지, 무슨 병을 앓아서 병원을 얼마나 다녔는지 등과 같은 정보를 모두 가지고 있다. 의료보험 체계가 잘 갖추어져 있고 학교나 직장 등에서 건강 검진을 정기적으로 실시하기 때문이다. 만일 연구자들이 이 방대한 자료를 활용할 수 있다면 의료 관련 연구가 촉진되고, 새로운 치료법 개발이나 보건 의료 관련 정책 개선이 활발하게 이루어 질 것이다.

안타깝게도 현실은 기대와는 거리가 있다. 이력 정보가 잘 연결되어 있지 않고 조각조각 쪼개져 있기 때문이다. 우리나라에서 보건의료 관련 정보는 기본적으로 보건복지부, 보다 정확하게는 국민건강보험공단이 관리한다. 하지만 초·중·고교 학생들의 건강검진 정보는 교육부 소관이다. 만일 청소년이 학교를 다니지 않는 경우에는 여성가족부가 관련 업무를 수행하고 정보를 보유한다. 남성의 경우 군복무 기간의 건강 정보는 국방부가 가지고 있다.

이렇게 서로 다른 정부 부처가 관할하는 정보들은 불행하게도 서로 연동이 되지 않고 있다. 즉 어떤 남성의 건강 정보 중 6세 이전 정보는 보건복지부, 7~18세는 교육부, 19~20세는 다시 보건복지부, 군복무기간인 20~22세는 국방부, 이후는 다시 보건복지부가 따로따로 가지고 있다. 그 결과 국민건강보험공단 자료를 이용해서 20대 후반 남성의 건강 상태를 연구할 때, 이 사람이 초·중·고 재학 시절 혹은 군 복무 당시 어떤 경험을 했는지는 체계적으로 반영할 수 없다.

여러 부처들이 가지고 있는 건강 관련 정보를 서로 연동해야 한다는 목소리는 과거부터 있어왔다. 하지만 부처 간 협조는 이러한 문제를 해결할 만큼 충분하게 이루어지지 못하였다. 그 결과 아직도 우리나라의 건강 보건 관련 자료는 그 양이 엄청나게 많음에도 매우 제한적으로만 이용되고 있다.

보건의료 정보 문제는 하나의 사례일 뿐이다. 우리나라의 공공 정보 원자료는 공개도 안 되는 경우가 다반사이지만, 공개된다 하더라도 서로 연결되지 못하도록 쪼개져 있는 경우가 많다. 담당 부처들은 이런저런 이유를 댄다. 개인정보 보호는 전가의 보도처럼 제시되는 대표적인 사유이다. 하지만 연동 가능성과 개인정보 보호는 다른 차원의 문제이다. 연동되지 않은 자료도 개인정보이긴 마찬가지인데, 현 상태에서 개인정보 보호를 충분히 할 수 있다면 연동 자료의 경우에도 상당 부분 관리가 가능할 것이기 때문이다.

정보 접근의 제한은 연구를 통해 공공 정책을 평가하고 개선하는 것을 어렵게 한다. 미국이나 유럽에서는 연구자가 너무도 자연스럽게 활용할 수 있는 정보인데 한국에서는 사용이 어려운 경우가 부지기수이다. 그러다 보니 왕성한 연구를 하는 한국의 학자들은 외국 자료를 분석하는 경우가 많다. 그 결과 우리 자료를 연구해서 좋은 연구를 내고 그 과정에서 정책적으로 중요한 명제를 도출하는 선순환이 이루어지지 못한다.

구슬이 서 말이라도 꿰어야 보배이다. 이 속담은 정보의 경우 딱 들어맞는다. 최근 많이 언급되는 '빅 데이터'는 정보의 규모만큼이나 여러 정보의 연결을 통한 부가가치 창출이 핵심이다. '4차 산업' 육성을 위해 막대한 돈을 쓰기 이전에, 정부가 지금 가지고 있는 정보만이라도 온전히 공개해 주기를 간곡히 요청한다.

연구의 선진화

동남아시아 경제사를 주제로 하는 국제학술대회에 참석하고자 스웨덴의 룬드대학을 다녀온 적이 있다. 여전히 학계에서 변방이긴 하지만 동남아시아 경제사 연구는 비약적으로 발전해 왔다. 그런데 세계 학계에서 이 분야를 연구하는 대표적인 학자는 서양인이 많다. 예를 들어 인도네시아 경제사는 과거 인도네시아를 지배했던 네덜란드의 학자들이, 필리핀의 경제사는 스페인과 미국의 학자들이 활발하게 연구한다.

이런 현상은 지배국과 피지배국 양측 모두의 사정에 기인한다. 식민지배국 연구자들이 과거의 식민지역을 연구하는 것은 자국 역사 연구의 확장이라는 차원에서 보면 자연스러운 측면이 있다. 문제는 자기 나라 연구를 충분히 발전시키지 못하는 피지배국이다. 동남아시아 국가들은 대부분 1인당 소득이 낮다 보니, 이 나라 연구자들은 국제적인 학술지나 서적들을 접하고 세계적인 연구 동향을 파악하는 데 어려움을 겪는다. 해외 세미나 등에 가서 외국 학자들과 교류하고 연구성과를 발표하는 것도 쉽지 않다. 이런 조건에서 동남아시아 학자들이 서양 학자들보다 우수한 성과를 내고 자국 경제사 연구를 주도한다는 것은 불가능에 가깝다.

우리나라도 1980년대 정도까지는 이 국가들과 상황이 크게 다르지 않았다. 일본에 한국경제사 연구자들이 꽤 있었고, 일본 학자들의 연구가 한국 연구자들에게 중요하게 여겨졌다. 국제 학술지에 게재되는 영문 논문들은 서구 학자나 일본 학자의 저작인 경우가 많았다. 하지만 이런 경향은 1990년대를 지나면서 크게 바뀌었다. 우리 경제가 성장하고 우리나라 경제사학자들이 많은 노력을 기울인 결과, 한국 학자들의 연구가 비약적으로 성장하였다. 지금 와서는 세계 경제사학계에서 한국경제사 연구는 소수이긴 하지만 한국 연구자들이 주도한다.

중요한 점은 지금까지 이룩한 성과에 만족해서는 안 된다는 사실이다. 우리나라 경제사 연구를 식민지배국가나 선진국 연구자들이 주도하는 것을 1단계, 우리나라 연구자들이 주도하는 것을 2단계라고 한다면, 이제는 3단계로 나아가기 위해 노력해야 한다. 3단계란 해외 각국의 연구자들이 한국경제사 연구에 다양하게 참여하고, 한국 학자들과 경쟁하며 교류하는 것이다.

'우리나라는 우리가 제일 잘 알기 때문에, 우리가 주도해서 연구해야 한다'고 생각하는 분들이 적지 않다. '종주국 의식'이라고 부를 수 있을 이러한 생각은 열심히 공부하겠다는 의지로는 좋지만, 현실적으로 학문 연구의 '파이'를 키우는 데에는 도움이 되지 않는다. 세계 각국에서 한국에 관심을 갖는 연구자가 많이 나오고, 그들과 한국 연구자들이 함께 연구해 나아가야 진정한 의미에서 세계적 수준 그리고 세계사적 맥락에 걸맞은 연구가 가능해질 수 있다.

불행하게도 한국학 계열 분야들은 대개 이런 방향으로 발전해야 한다는 의식이 크지 않은 듯하다. 우리나라가 종주국이니까 우리가 연구를 하고, 이것을 해외에 알린다는 식으로 접근하는 경향이 있다. 과거에 비해서는 나아졌지만 해외 학자들의 연구를 '외국인의 시각'이라고 폄하하고 제대로 평가하지 않는 경우도 여전히 드물지 않아 보인다.

이러한 자세는 우리나라를 세계에 알리는 데에도 도움이 되지 않을 뿐 아니라, 우리 스스로를 더 깊이 이해하는 데에도 방해가 된다. 세계 방방곡곡에 한국에 대해 관심을 갖고 연구하는 학자가 많아지고, 우리나라 사람이 아니더라도 한국 연구의 권위자들이 나올 수 있어야 진정한 의미에서 학문과 문화의 선진국이 될 수 있다.

이번 학술대회에서는 우연찮게 룬드대학 박사과정에서 한국경제사에 깊은 관심을 가지고 공부하는 슬로베니아 출신의 대학원생을 만났다. 그런 연구자가 앞으로 많이 늘어나길 바란다. 또 국내 학자들이 이런 연구자들과 더 많이 교류하기를, 그리고 이런 연구자들을 지원하는 제도적·재정적 기반이 확대되기를 기원한다.

우울한 미래

허난대학은 중국에서 소득수준이 가장 낮은 지역 중 하나인 쓰촨성에 자리 잡고 있는데, 이 대학 경제학과는 몇 년 전 학과를 사실상 둘로 쪼개는 파격적인 개혁을 실시했다. 기존 교수들은 예전처럼 낮은 봉급에 많은 수업을 담당한다. 이에 비해 새로 뽑는 교수 중 일부는 SSCI 목록에 등재된 국제적인 학술지에 논문을 쓰는 것을 조건으로 파격적인 지원을 받는다.

이 교수들이 받는 봉급과 연구비는 미국 대학에 근접하는 수준으로, 기존 교수들보다 몇 배 높다. 하지만 강의는 1년에 한 과목만 하면 되고, 행정 업무는 거의 할 필요가 없다. 강의 시간 외에 그 교수가 세계 어디에 가 있건 학과는 상관하지 않는다. 강의도 교수가 원하면 한 학기에 걸쳐서 해도 되고 일주일에 몰아서 해도 된다. 허난대학보다 순위가 높다고 평가받는 중국 주요 대학들은 이와 유사한 파격적인 지원을 훨씬 이전부터 해왔다. 그 결과 베이징, 상하이, 홍콩 등에 있는 중국 주요 대학 경제학과 교수들의 연구 성과는 비약적으로 성장해서 이미 엄청난 수준에 도달해 있다.

일본은 국립대학과 사립대학의 연구 환경이 크게 다르다. 사립대학 교수들은 한 학기에 많은 과목을 담당하는 것이 일반적이며, 이것은 와세다대학이나 게이오대학 같은 최고 명문 학교도 다르지 않다. 이에 비해 국립대학은 연구 지향적으로 운영된다. 도쿄대학, 교토대학, 히토쓰바시대학 등 국립대학의 경제학 교수 중 상당수는 1년에 한 과목만 강의한다. 세미나를 조직하거나 박사과정생 지도를 뺀 나머지 시간은 모두 연구에 쓸 수 있다.

흔히 일본은 국내학계 규모가 커서 해외에 별로 관심을 두지 않고 영향도 별로 받지 않는다고들 하지만, 적어도 경제학과는 그렇지 않다. 일본 학계를 이끌어가는 학자들뿐 아니라 최근 박사학위를 받은 젊은 연구자들은 일본어로 논문을 쓰는 것에 크게 무게를 두지 않는다. 이들은 단순히 SSCI급 학술지가 아니라 자기 분야 최고 학술지에 논문을 내기 위해 밤을 지새운다.

세계 학계에서 두각을 나타내기 위한 이러한 노력은 단순히 미국 등 해외에서 공부한 유학파 학자들에게만 국한된 것이 아니다. 일본 내에서 학위를 받은 학자들도 마찬가지이다. 실제로 세계에 널리 명성을 떨치는 일본의 대표적인 학자들 가운데에는 일본 국내 학교 박사학위 소지자가 적지 않다.

이야기는 결국 우리나라 상황에 대한 한탄으로 돌아온다. 우리나라의 모든 경제학자가 영어로 국제적인 학술지에 논문을 내기 위해 아등바등할 필요는 없으며, 그것이 바람직하지도 않다. 하지만 적어도 한국 최고 대학에 있는 학자들이라면 그래야 한다. 우리나라 정도의 경제력과 사회문화 수준을 갖춘 나라라면, 최고 대학 교수들은 단순히 SSCI 학술지에 논문을 내는 것에 만족해서는 안 되고 세계 최고 수준의 학술지에 논문을 내기 위해 경쟁해야 한다.

중요한 것은 그들이 그렇게 할 수 있도록 우리나라 대학들이 지원을 하고 있는가 하는 것이다. 필자가 아는 한 교수들이 담당해야 할 수업 및 행정 업무 부담이나 연구 환경, 연구에 대한 재정 지원 등 모든 측면에서 우리나라 최고 대학들은 주변국 대학에 비해 많이 뒤서진다. 경세학 언구의 중심인 미국 최고 대학들과는 비교가 되지 않는다.

이러한 암울한 상황은 상당 부분 정부 정책 탓이다. 대학 정책이 곧 입시 정책과 동일시되고, 제대로 된 재정 지원도 안 하면서 대학 등록금을 10년씩 동결하는 상황에서, 그리고 세계에서 유례 없이 국가가 학술지를 평가한다고 학계에 군림하는 현실에서 우리 학계와 대학이 새로운 지식을 창출하고 세계 학계를 주도하는 것은 불가능하다. 정부가 이런 문제를 자각하고 스스로 개혁할 가능성이 전무하기 때문에 미래는 우울하다.

학술지 평가의 존재 이유를 묻다

언제부터인가 한국에서 대학교수는 밥값을 하지 못하는 사람의 대명사처럼 되어버렸다. 강의도 제대로 준비하지 않고, 세계적 수준의 연구는 고사하고 1년에 논문 한 편을 쓰지 않으면서 정치판이나 기웃거리는 사람이라는 것이 인구에 회자되는 교수들의 모습이 아닐까.

이러한 생각은 교수 사회, 나아가 학계를 근본적으로 바꾸겠다는 야심 찬 정부 정책으로 구현되었다. 한국연구재단의 학술지 평가제도가 바로 그것이다. 지난 20년간 한국연구재단은 우리나라에서 발간되는 수천 종의 학술지에 점수를 매기고 '등재지', '등재후보지', '일반 학술지' 같은 등급을 부여하는 사업을 시행하였다.

한국연구재단의 학술지 평가에 대해서는 평가 기준의 타당성이나 심사의 공정성 등에 대해 많은 비판이 이루어지고 개선안이 제시되었다. 그런데 이것은 이미 정부 기관의 학술지 평가가 존재한다는 점을 받아들인 논의이다. 이 전제는 타당한가?

어떤 재화나 서비스에 대한 정확한 평가는 소비자의 몫이다. 만일 내가 치르는 가격만큼 값어치가 없다면 선택을 안 하는 행위처럼 냉정한 평가는 없다. 물론 소비자들이 매순간 어떤 경우에건 정확한 평가를 할 수 있는 것은 아니다. 정보비대칭성으로 인한 왜곡이 한 가지 예이다. 변호사나 의사처럼 서비스 제공자의 능력을 소비자가 정확하게 파악하기 어려운 상황에서는, 내가 구매하는 것의 가치를 잘 알 수 없기 때문에 '시장실패'가 발생할 수 있다.

경제 주체들은 이 문제를 극복하기 위한 여러 가지 방안을 강구하였다. 그중 하나가 제3사의 개입이다. 공신력 있는 기관이나 국가와 같은 제3자가 나서서 시험 등을 통해 의사나 변호사 가운데 최소한의 능력을 가진 사람을 가려낸 뒤, 그 사람들에게 자격증을 발급하는 것이다. 경제학적으로 볼 때 자격제도는 소비자에게 정보를 제공해서 원활한 거래가 이루어질 수 있도록 하는 것을 1차적 목적으로 한다.

이상의 논의를 전제로 해서 볼 때 떠오르는 가장 큰 의문은 "도대체 한국연구재단의 학술지 평가는 누구에게 어떤 정보를 왜 제공하는가?"라는 것이다. 학술지는 일반 서적과 다르다. 학술지에 논문을 게재하는 사람, 게재된 논문을 읽는 사람, 그리고 그 학술지를 관장하는 사람 모두가 해당 분야 전문가이다. 기본적으로 위에서 제시한 전형적인 의미의 정보비대칭성이 존재할 이유가 없다.

나아가 정부의 학술지 평가는 무용할 뿐 아니라 파괴적이다. 얼마나 좋은 학술지에 논문을 내느냐 그리고 그를 위해 얼마나 질 높은 논문을 쓰느냐는 경쟁을 하는 것이 아니라, 등재지에 얼마나 많은 논문을 쓰느냐는 방식으로 학자들의 경쟁 구도를 바꾸었다. 학술지들도 등재지 평가에서 탈락하지 않기 위해 얼마나 질을 잘 관리하느냐는 경쟁을 하는 것이 아니라, 1년에 어떻게 하면 한 번이라도 더 발간할까라는 경쟁을 해야 한다.

궁극적으로는 학술지 평가를 통해 학문발전을 도모한다는 생각 자체가 틀렸다. 변호사시험 같은 평가는 '최소한'을 파악하기 위한 방식이다. 이 정도는 갖추어야 한다는 최저 기준을 제시하는 것이 목적이라는 것이다. 기존 지식을 뛰어넘어 '최대한'을 추구하는 학계의 지향과는 완전히 다르다. '최소한'만을 가려내는 제도로 '최대한'을 추구해야 하는 세계를 '개혁'하려 하다 보니 많은 폐해가 발생하는 것은 너무도 당연하다.

20년이나 지속되어 온 학술지 평가와 관련된 헛 소동은 학계의 메커니즘 그리고 평가제도에 대한 정책당국자들의 몰이해에서 비롯되었다. 몇 년 전 한국연구재단은 학술지 평가제도 폐지를 공언한 적이 있다. 하지만 이후 '대학들이 원한다'는 명목으로 단 한 마디 사과도 없이 폐지를 철회하였다. 이 해명과 결정에 동의하지 않는다. 얼마든지 지금도 등재지 제도는 폐지가 가능하며, 전격 폐지는 어렵더라도 실질적 폐지가 가능하다. 더 늦기 전에 국가기관

이 학술지를 평가하는 황당한 제도를 폐지하여 학계가 정상화될
수 있도록 도와주기를 한국연구재단에 간곡히 부탁드린다.

대학 교육의 질을 높이려면

대학 교수는 연구와 교육을 수행한다. 사람들은 대개 연구를 잘하는 교수가 수업도 잘하리라 여긴다. 불행히도 둘 모두를 잘하기는 쉽지 않다. 연구는 탁월하지만 가르치는 것이 서툴 수 있으며, 가르치는 데에는 뛰어나도 창의적인 연구는 못할 수 있다. 연구와 교육을 모두 잘하는 탁월한 교수라도 시간 제약 때문에 둘 모두를 완벽하게 하기는 쉽지 않다.

미국에서는 연구중심대학research university과 교육중심대학 liberal art college의 구분을 통해 이런 문제를 어느 정도 해결한다. 이러한 구분은 정부 정책 같은 인위적 힘에 따른 것이 아니라 자연스런 진화의 결과이다.

연구중심대학에는 각 학문 분야를 대표하는 석학들이 교수로 재직하고 있다. 이들은 새로운 연구를 통해 지식의 변경을 넓혀간다. 그런데 이 학교 학부생들은 석학의 강의를 들을 기회가 많지 않다. 이런 교수들은 대학원생과 많은 시간을 보내며, 학부 강의를 하더라도 학생들은 수업조교라 부르는 대학원생과 주로 접촉한다. 시험 채점 역시 당연히 조교의 몫이다.

교육중심대학은 완전히 다르다. 이 대학들은 대학원이 아예 없는 경우가 많다. 교수를 뽑을 때도 가르치는 능력을 최우선으로 고려한다. 아무리 학위 논문을 잘 쓴 외국인 박사가 있어도, 영어가 완벽하지 않으면 아예 뽑지 않는다. 그리고 이 대학의 교수들은 대부분의 시간을 수업과 학생 면담 같은 교육에 써야 한다. 종신교수 심사에도 논문 게재 같은 것을 그렇게 중요하게 보지 않는다. 이런 대학에서 교수의 역할은 교과서를 학생들에게 잘 가르치는 것이다.

미국 대학 중 연구중심대학은 극히 소수에 지나지 않는다. 미국 정부 통계에 따르면 미국에는 2,900개 정도의 대학이 있는데, 이 가운데 연구중심대학이라 부를 수 있는 학교는 100개 남짓이다. 나머지 학교들은 교육이 중심이라는 뜻이다.

물론 교육중심대학의 질은 천차만별이다. 최고 수준의 교육중심대학들은 한 강좌당 10명 남짓한 학생들이 교수와 긴밀하게 상호 작용하며 공부한다. 윌리엄스나 앰허스트 같은 최고 수준의 학교들은 교수를 뽑을 때도 웬만한 연구중심대학에 갈 만한 사람들을 뽑기 때문에 교수의 수준도 매우 높다. 이처럼 뛰어난 교육 여건 때문에 미국에서는 우리에게 널리 알려진 대학들에서 입학허가를 받고도 전통 있는 교육중심대학을 선택하는 경우가 적지 않다. 반면 수많은 미국의 대학들은 교육 환경이나 내용 등에서 우리 나라 대학들보다 뒤처지는 경우도 부지기수이다.

이러한 차이는 돈에서 비롯된다. 최고 수준 대학처럼 수업을 진행하려면 능력 있는 교수를 많이 고용해야 하기 때문에 엄청난 돈이 든다. 석학들의 높은 연봉, 엄청난 고가의 실험기자재, 대학원생 장학금을 위한 돈을 마련해야 하는 연구중심대학만 돈이 드는 것이 아니라, 제대로 된 학부생 교육을 수행하기 위한 교육중심 대학도 마찬가지라는 뜻이다. 미국에서 최고 수준 학교들의 1년 등록금이 4만 달러를 넘어서는 이유이다.

우리나라 국민들은 우리 대학에 대해 불만이 많다. 그런데 그 중 상당수는 사실 대학이 교육에 돈을 충분히 쓸 수 없기 때문에 비롯된 것이다. 이 문제는 지난 10여 년 동안 더욱 악화되어 왔다. 정부는 학생들의 부담을 줄인다는 이유로 등록금 인상을 '자제'하도록 유도해 왔으며, 그 결과 대학은 10년 가까운 기간 동안 수업료를 동결했다. 지난 10년 동안 물가가 25% 상승했으니, 대학의 등록금 수입은 25% 가까이 줄어든 셈이다. 하지만 정부가 그 이상의 돈을 대학에 투입한 것도 아니다. 이 때문에 내로라하는 유명 사립대학들조차 심각한 재정 위기에 봉착해 있어서 교육의 질을 높이기 위한 투자는 엄두도 내지 못한다. 교육을 통해 세계적인 경쟁력을 갖춘 인재를 양성하여 국가경제의 발전을 도모한다는 주장이 공허하게 들리는 이유이다.

입시정책이 아니라 대학정책이 필요하다

그레고리 맨큐N. Gregory Mankiw의 『경제학 원론』은 세계에서 가장 많이 사용되는 경제학 입문 교재이다. 미국에서 이 책 값은 우리 돈으로 30만 원이 넘는다. 시장에는 많은 경제학 교과서들이 치열하게 경쟁하기 때문에, 맨큐의 교과서 가격이 독점 가격이라고 보기는 어렵다. 책값이 비싼 1차적인 이유는 제작 비용 때문인 것으로 보인다. 책의 저자가 맨큐라고 적혀 있지만, 사실 이 책의 집필에는 수백 명이 참여한다. 나아가 교수가 활용할 수 있는 문제은행과 강의자료 등까지 제공하니 가격이 높아질 수밖에 없는 측면이 있다. 세계적인 석학이 전폭적 지원을 받으며 만든 책이라 내용은 매우 훌륭하다. 서술이 알기 쉽고, 사례가 풍부하여 이론과 현실의 관계를 잘 이해할 수 있다. 가격이 비싼데도 전 세계 많은 대학 강의에서 이 책이 이용되는 까닭이다.

아무리 좋은 교과서라도 독학하는 것은 쉽지 않다. 만일 뛰어난 교수들로부터 이런 좋은 책의 내용을 제대로 배워서 고급 지식을 체득하고자 미국의 일류 사립대를 간다면 엄청난 학비를 내야 한다. 미국에서 가장 학비가 비싼 학교로 유명한 밴더빌트대학은 1년 등록금만 5만 달러가 넘는다. 다른 많은 일류 사립학교들의 등록금도 4만 달러를 넘은 지는 한참 되었으며, 상대적으로 등록금이 저렴한 주립대학도 좋은 학교들은 3만 달러 정도는 감내해야 한다.

대학 등록금이 비싼 것도 기본적으로는 비용 때문이다. 예를 들어 일급 경제학자들은 실리콘 밸리나 증권가 등으로 가면 수십만 달러의 연봉을 받을 수 있는 경우가 많다. 학교가 이런 사람들을 붙잡으려면 일정 수준 이상 연봉을 주어야 한다. 그렇기 때문에 박사학위를 갓 취득한 경제학 박사들이 일류 대학에 자리를 잡을 경우 받는 첫해 연봉이 10만 달러를 넘은 지 꽤 오래되었다. 빅데이터 붐으로 인해 몸값이 높아진 통계학 박사의 초봉은 최근 30만 달러를 넘는 것으로 알려져 있다. 임금이 다가 아니다. 연구 설비나 연구비 등 여러 가지 지원을 제공하다 보면 학교가 부담해야 하는 비용은 크게 늘어날 수밖에 없다.

학비가 비싸도 미국뿐 아니라 전 세계 학생들이 미국의 일류 대학에서 공부하고 싶어 하는 이유는 이런 뛰어난 학자들로부터 배울 수 있기 때문이다. 그리고 세계 곳곳에서 몰려온 우수한 학생들과의 교류 속에서 미국의 교수들은 새로운 지식과 기술을 쏟아 낸다. 미국이 신산업 부문에서 압도적 우위를 유지하는 이유이다.

한국의 상황은 참담하다. 지난 10년 동안 정부는 매년 물가상 승률 범위 내로 대학의 등록금 인상 상한을 고지했다. 하지만 이 허용 범위에서나마 등록금을 인상한 대학은 거의 없다. 등록금을 인상하면 정부 보조금이 줄어들 것이 뻔해서이다. 10년 가까이 통제된 등록금 때문에 대학의 실질 수입은 지난 10년 동안 크게 줄어들었다. 정부 지원금이 없는 것은 아니다. 그러나 현재 교육부의 1년 예산 70조 가운데 60조는 초·중등 교육에 사용된다. 고등교육에 사용되는 10조 중에서도 상당 부분은 국가장학금이고, 순수하게 연구나 교육으로 활용되는 금액은 2~3조에 지나지 않는다. 대학 수나 학생 수 등 어떤 면을 보더라도 충분히 많은 투자가 이루어지고 있다고 보기는 어렵다.

사립대학의 경우 재단이 전입금을 제대로 내면 문제가 해결된다는 의견이 있다. 하지만 학교의 운영, 나아가 발전에 필요한 만큼의 재원을 전입금 혹은 적립금 활용으로부터 충당하는 경우는 미국에서조차도 극히 일부 학교만 가능하다. 미국 사립대학의 높은 등록금이 명확히 입증하는 사실이다.

재정이 열악하니 교육의 질이 개선되기는커녕 악화될 수밖에 없다. 강사법으로 인한 구조조정 이전에도 이미 우리나라 대학의 수업은 200~300명 규모의 대형 강좌로 운영되는 경우가 많았다. 초·중등 학교에서 20~30명 정도 학생 수로 수업이 이루어지는 것과는 대조적이다. 연구는 더 말할 나위도 없다.

불행히도 이 문제에 대해서는 아무도 관심을 갖지 않는다. 대통령부터 일반 국민까지 모두가 대학에 대해 이야기하지만, 이는 입학 제도에 한해서이다. 대학이 학생을 어떻게 선발해야 하는지에 대해서만 갑론을박할 뿐 대학에 입학한 학생들이 지금 어떻게 공부하고 있는지 그리고 보다 좋은 인재를 양성하려면 무엇을 해야 하는지에 대해서는 놀라울 정도로 무관심하다.

대학에서 더 높은 질의 교육과 연구가 이루어질 수 있도록 진지한 고민이 필요하다. 가고 싶은 좋은 대학이 많아지면 대학 입학의 성패에 대한 집착도 줄어들어 입시 문제도 완화할 수 있다. 더 늦기 전에 입시정책이 아니라 대학정책을 논의해야 한다.

참고_ 원고 최초 수록 출처

흥부의 역설	《매일경제》 2007. 09. 04.
새로운 악당이 필요하다.	《매일경제》 2019. 02. 16.
사랑할 나이, 결혼할 나이	《나라경제》 2008. 12.
조선시대 양반 여성의 출산율	《나라경제》 2014. 09.
부모로서의 왕과 왕비	《나라경제》 2008. 04.
성전환과 성감별	《나라경제》 2008. 05.
최고 통치자의 임기	《나라경제》 2008. 03.
행려사망자	《나라경제》 2008. 08.
키	《나라경제》 2008. 01.
소중한 성취, 소득 3만 달러	《매일경제》 2019. 03. 16.
잊힌 원조	《나라경제》 2014. 04.
1950년대: 우리나라 경제성장의 출발점	《나라경제》 2017. 07.
수출진흥확대회의	《나라경제》 2015. 05.
철도를 통해 본 북한경제 침체의 원인	《나라경제》 2017. 11.
방글라데시, 세계화 그리고 북한	《매일경제》 2019. 11. 30.
재난의 경제학	《조선일보》 2016. 05. 02.
노예무역이 21세기 아프리카에 남긴 유산	《조선일보》 2016. 05. 19.
세계경제 침체와 국제 공조	《매일경제》 2019. 08. 03.
보호무역	《조선일보》 2016. 11. 21.
대공황에 대한 고등학교 사회과 교과서 서술의 문제점	《클릭경제교육》 2008. 11.
마이너스 은행 금리	《조선일보》 2016. 03. 21.

이퀼리브리엄 《KDIans》 2013. 01.

사라지는 것은 아쉬움을 남긴다: 5일장의 성쇠 《매일경제》 2007. 06. 19.

국제무역 《매일경제》 2007. 07. 17.

스크린 독점과 차별적 상영 배정 《나라경제》 2018. 02.

순번과 순위: 〈나는 가수다〉의 경제학 《나라경제》 2014. 01.

동문 효과 《나라경제》 2014. 02.

담뱃세 논쟁: 말을 마차 앞으로 가져와야 《나라경제》 2014. 10.

애덤 스미스는 시대착오적? 《나라경제》 2008. 10.

수목금토일일일 《나라경제》 2008. 06.

'골드스미스'와 '실버스미스' 《나라경제》 2008. 11.

한시노예 《한국경제》 2007. 02. 12.

빚과 벌 《한국경제》 2007. 03. 12.

파산, 어제와 오늘 《나라경제》 2015. 09.

회사 제도 《나라경제》 2008. 09.

민둥산 《나라경제》 2008. 02.

분쟁, 소송, 그리고 경제성장 《나라경제》 2008. 07.

법원의 살림살이 《매일경제》 2019. 08. 31.

골프장 부지를 마련하는 두 가지 방법 《나라경제》 2014. 03.

죄와 벌: 우리나라 법령에 규정된 형벌의 범위와 수준 《나라경제》 2018. 10.

징벌적 손해배상 《나라경제》 2014. 11.

최소선발인원 《매일경제》 2019. 01. 19.

법률시장 개방 그리고 그 이후 《나라경제》 2018. 06.

문리와 수리 《매일경제》 2019. 05. 11.

역사학과 머신러닝 《매일경제》 2019. 07. 06.

증거기반 정책 《매일경제》 2019. 12. 28.

정보는 꿰어야 보배 《매일경제》 2019. 11. 02.

연구의 선진화 《매일경제》 2019. 06. 08.

우울한 미래 《매일경제》 2019. 04. 13.

학술지 평가의 존재 이유를 묻다 《매일경제》 2017. 12. 13.

대학 교육의 질을 높이려면 《매일경제》 2018. 03. 05.

입시정책이 아니라 대학정책이 필요하다 《동아일보》 2019. 11. 13.

사라지는 것은 아쉬움을 남긴다
경제, 역사, 제도에 대한 단상

1판 1쇄 펴냄 │ 2020년 6월 11일

지은이 │ 김두얼
발행인 │ 김병준
발행처 │ 생각의힘

등록 │ 2011.10.27. 제406-2011-000127호
주소 │ 서울시 마포구 양화로7안길 10, 2층
전화 │ 02-6925-4184(편집), 02-6925-4188(영업)
팩스 │ 02-6925-4182
전자우편 │ tpbook1@tpbook.co.kr
홈페이지 │ www.tpbook.co.kr

ISBN 979-11-85585-90-1 03320

이 도서의 국립중앙도서관 출판예정도서목록(CIP)은
서지정보유통지원시스템 홈페이지(http://seoji.nl.go.kr)와
국가자료공동목록시스템(http://www.nl.go.kr/kolisnet)에서
이용하실 수 있습니다.(CIP제어번호: CIP2020020857)